Frauen, die gefährlich leben

Frauen, die gefährlich leben

Geschichten von Mut und Abenteuer

Edelgard Abenstein

Anaconda

Inhalt

Verbrechen und Morde

Berufsrisiken

Feindesland, drangen als Männer verkleidet in verbotene Städte ein. Es sind politische Aktivistinnen, Journalistinnen oder Wissenschaftlerinnen, die für eine selbsternannte gute Sache kämpften. Sie schlugen alle Warnungen in den Wind, nahmen für ihr Ziel jede Art von Entbehrungen auf sich, opferten radikal jede Sicherheit, um schließlich mit allem zu rechnen, auch mit dem eigenen Tod. Dass einige darüber mit dem Gesetz in Kollision gerieten, ließ sich nicht vermeiden, während andere den Mord zu einem Fanal für sich und ihr unglückliches Leben machten. Über manche ihrer Ahnherrinnen, über Jeanne d'Arc oder Mata Hari etwa, wurde schon viel erzählt, und so kommen hier auch weniger bekannte, nicht minder ehrgeizige und lebenslustige Frauen zu Wort.

Auf den ersten Blick haben die 16 Frauen, die in diesem Band versammelt sind, nicht viel mehr gemeinsam, als dass sie ein Leben am Limit führen. Die älteste, Judit, hat gar nicht wirklich existiert, sie ist eine Erfindung der Bibel, aber wie alle Mythen lebt sie in alle Ewigkeit fort, hat sie doch das Urmuster vorbuchstabiert, nach dem Frauen mit Erfolg alles auf eine Karte setzen. Zu Judits Waffen gehört neben der Schönheit vor allem die List. Um nicht für eine überspannte Person gehalten zu werden, verschweigt Ida Pfeiffer das eigentliche Ziel ihrer ersten Reise. Statt nach Palästina fahren zu wollen, gibt sie an, eine Freundin in Konstantinopel zu besuchen, denn ohne zu flunkern hätte Ida Pfeiffer Wien niemals verlassen können.

Auch Blaustrümpfe sind die Frauen, die gefährlich leben, keinesfalls. Nebenbei lieben sie den Humor und die Selbstironie. So lässt Martha Gellhorn die Uniform, mit der sie aus dem »London Blitz« nach New York berichtet, bei einer der ersten englischen Adressen maßschneidern, Ruth Werner begibt sich grundsätzlich im eleganten Stresemann zu ihren Spionagetreffen, Walentina Tereschkowa geht nach ihrer Rückkehr aus dem All jahrelang nur mit lackierten Fingernägeln, Marke: »Rotes Moskau«, aus dem Haus.

Nicht von ungefähr mag es kommen, dass die Frauen, die sich beruflich in Männerdomänen behaupteten wie die Kriegsreporterin Gellhorn, die Rennfahrerin Kleinschmidt oder die Paläoanthropologin Leakey, auch in ihren Liebesbeziehungen heftige Kämpfe führten. Ebenso wenig ist es wohl ein Zufall, dass viele als einziges Mädchen neben Brüdern aufwuchsen. Als hätten sie damals schon begriffen, dass Jungen das geachtetere Geschlecht sind, trugen sie Knabenkleider und setzten sich als typische Vatertöchter gegen eine weibliche Erziehung zur Wehr – ganz im Widerspruch zu dem, was Genforscher neuerdings sagen. Die haben jüngst herausgefunden, warum Frauen sich häufiger für Shakespeare interessieren als für die Raumfahrt. Dahinter, so sagen sie, stecken die Hormone. Bei Männern spiele das Testosteron die entscheidende Rolle, es mache sie abenteuerlustig, kampfbereit, aggressiv. Frauen hingegen, auch das geht auf ein Hormon zurück, könnten sich gut in andere hineindenken, empfänden Mitgefühl. Was aber, wenn genau dieses Mitgefühl zum Motiv dafür wird, Mut zu zeigen und, wenn es nicht anders geht, das eigene Leben aufs Spiel zu setzen?

Männer neigen eher als Frauen zur Selbstdarstellung, dabei überschätzen sie sich auch gerne, stechen einander aus, um am Ende als Einziger auf dem Platz zu stehen. Mit einer Heldentat schaffen sie das immer. Frauen streben weniger nach dem Ruhm, den ihnen ihr besonderer Mut einbringt, sie halten, was sie tun, für selbstverständlicher, denn, so beteuern sie, würde ein anderer die Stafette übernehmen, zögen sie sich zurück. Das muss nicht immer stimmen, aber sie hängen ihre Taten nicht an die große Glocke. Ganz und gar lästig ist ihnen die ewige Parole von der »ersten Frau«, von der Pionierin, die den Ärmelkanal überquert hat, der Torera, die zum ersten Mal einen Stier bezwang. An dem gemessen zu werden, was sie leisten, ist ihnen wichtiger. Denn es scheint ganz so, als hätte Bettina von Arnim recht: »Selbstdenken ist der höchste Mut«, sagte sie. »Wer wagt, selbst zu denken, der wird auch selbst handeln«, egal wie gefährlich das ist.

Judit, Figur aus dem Alten Testament, rettet ihr Volk durch ein Attentat auf den Feldherrn Holofernes. Historischer Hintergrund sind die Kriege der Babylonier gegen die Juden im frühen 6. Jahrhundert vor Christus. In der Legende wurde aus Nebukadnezar, dem König der Babylonier (605–562 vor Christus), ein König der Assyrer. Das Buch Judit wird nur von Katholiken und Orthodoxen als Teil der Bibel anerkannt, nicht aber von Juden und Protestanten. Martin Luther hat es als Teil der Apokryphen aufgenommen.

Unnahbar, stolz, verführerisch: Judit, wie Gustav Klimt sie sieht, die schönste Femme fatale des Jugendstils.

Judit

Mehr Courage als jeder Mann

»In Gefahr und großer Not bringt der Mittelweg den Tod.« – Es sind die starken Frauen in der Bibel, die wussten, dass die Extreme im Leben sich nur mit Einfallsreichtum und Tatkraft meistern lassen. In der Wahl ihrer Mittel durften sie nicht zimperlich sein. Allen voran die legendäre Judit. Sie hat die alte Welt aus den Angeln gehoben. Die Welt der Schriftgelehrten, Priester und Staatenlenker, die Welt der Zauderer und Mutlosen. Wie Ester und Delilah und Rut. Doch keine wagte, was die schöne Witwe aus Betulia gewann.

Es ist die Zeit des heidnischen Königs Nebukadnezar, der sich alle Völker der Erde unterwirft. Und er zwingt die Eroberten, ihn als den einzigen und wahren Gott anzubeten. In einem beispiellosen Feldzug zieht sein Stellvertreter Holofernes mit Feuer und Schwert durch das Land. Bastion um Bastion ist gefallen. Nur das kleine Volk Israel leistet Widerstand. Seit einem Monat wird die jüdische Bergstadt Betulia von den Assyrern belagert. Noch halten die Stadtmauern, und die Tore sind fest verschlossen, aber schon werden die Lebensmittel knapp, die Menschen hungern, und in den Zisternen verdunstet das letzte Wasser. Da die Quelle außerhalb der Mauern in den Händen der Feinde liegt, ist man auf Regen angewiesen. Aber es regnet nicht. Die Not wird von Tag zu Tag größer in Betulia. Verzweiflung breitet sich aus. Die Ältesten wissen keinen Ausweg. Obwohl sie das Schlimmste befürchten müssen – die Belagerer würden ihre Stadt dem Erdboden gleichmachen, die Männer töten und ihre Frauen schänden –, planen sie die Übergabe. Es sei denn, ein Wunder geschähe. Da tritt eine junge Frau auf den Plan. Judit, »die Gepriesene«, mit Namen. Sie ist bezaubernd schön, reich und aus vornehmer Familie – ihr Stammbaum reicht zurück bis zu den Urvätern Israels. Seit dem Tod ihres Mannes, eines angesehenen Gutsherrn, vor drei Jahren lebt sie zurückgezogen auf

Judit »hatte eine schöne Gestalt und ein blühendes Aussehen«.

Sie sind allein. Die Diener auf und davon, um den Feldherrn nicht bei seiner Liebesnacht zu stören. Judit, die mit List und Schönheit ihren Widersacher bezwungen hat, holt zum letzten entscheidenden Schlag aus – der Moment, der die Maler aller Epochen fasziniert hat wie hier Domenico Tintoretto.

ihrem noblen Anwesen. Ihr Ruf ist ohne Tadel und ihre Gottesfurcht über die Grenzen der Stadt hinaus bekannt. Weiß sie Rat? »Ich will es versuchen«, sagt sie nach kurzem Zögern und kündigt eine Tat an, »von der man noch in fernsten Zeiten den Kindern unseres Volkes erzählen wird«. Was sie aber vorhat, verrät sie nicht, nur dass man ihr ein Stadttor öffnen möge. In prachtvollen Gewändern, sorgsam frisiert und geschminkt, geschmückt wie eine Königin, schreitet sie auf goldenen Sandalen an den mutlosen Männern Betulias vorbei, vorbei an den schwer bewaffneten Wachtposten der Belagerer hinunter ins Tal, direkt ins Lager des Feindes. Die assyrischen Soldaten starren sie verwundert an. Schwebend wie eine Erscheinung, eine solche Schönheit ist ihnen noch nie zuvor begegnet. Lohnte es sich nicht schon um ihretwillen, diesen Krieg zu führen? Und um all der anderen Frauen der Hebräer, die nach dem Sieg auf sie warten würden? Judit, die auf die Frage nach dem Woher und Wohin angibt, sie suche Schutz bei Holofernes und wolle ihm verraten, wie er ohne große Verluste in die Stadt gelangen könne, wird geradewegs ins Zelt des großen Feldherrn geleitet.

Judit ist keine naive Frau. Sie kennt das Leben, und sie kennt die Gesetze von Schwäche und Macht. Sie weiß, dass es keinen Sinn hat, unter Tränen um Mitleid zu flehen. Für Betulia würde es keine Gnade geben. Nicht als Bittstellerin, nur wenn der General in ihr die Ebenbürtige erkennt, wird sie Gehör finden. Dafür muss sie zunächst sein Vertrauen gewinnen. Jeder Verdacht seinerseits, jeder Anflug von Misstrauen würde ihren Plan gefährden. So umgarnt sie ihn mit Schmeicheleien, offenbart ihm in kühlen Worten die Notlage der Stadt, wo man inzwischen gotteslästerliche Taten begehe – sie verzehren sogar den geweihten Wein und die Schaubrote auf den Altären! – ein Frevel, den

Gott nicht ungesühnt lasse. Sie, angewidert von solchem Tun, verspricht, ihm zum Sieg zu verhelfen und ihn, ohne den Verlust auch nur eines einzigen Soldaten, nach Jerusalem zu führen, »ohne dass auch nur ein Hund gegen ihn knurren werde«. Holofernes ist fasziniert von ihrer Rede, er hat beschlossen, ihr zu glauben. Vor ihrem Gott, so kündigt er an, wolle er sogar feierlich niederknien. Doch er verspricht sich noch mehr von dieser schönen Frau. Ist sie ihm nicht buchstäblich als delikate Frucht in den Schoß gefallen? Er wird sie auskosten, er wird sie genießen, diese rätselhafte Fremde. Bald.

Auch Judit kennt die Gesetze der Mächtigen. Weiß sie doch genau, dass eine Frau im Zelt des Feindes nichts anderes ist als sexuelle Beute. Will sie überleben, hat sie nur eine Chance: Sie wird zum Gegenangriff übergehen und ihren Feind nach allen Regeln der Kunst verführen. Erst wenn er vor Begierde blind geworden ist, darf sie handeln. Erst wenn ihr auch sein Herz gehört, wird sie ihn töten. Gewissenhaft wie eine Strategin des Kriegshandwerks geht sie vor. Ihre sorgsam ausgewählten Gewänder, die sanft die Hüften umfließen, der prachtvolle Kopfputz, das den Busen umspielende Geschmeide, das ist ihr Rüstzeug – wie ein Soldat, der in die Schlacht zieht. Sie muss sich ihrer Waffen sicher sein, um den großen Feldherrn zu bezwingen. Alles, was sie kann, muss sie zeigen, den sanften Augenaufschlag ebenso wie den staunenden Blick, ein liebreizendes Lächeln, den nachdenklichen Ernst und die ungestüme Ausgelassenheit. Alles, um ihren Herrn und Gebieter in verheißungsvoller Gewissheit zu wiegen, dass seine Wahl die richtige ist, dass sie, Judit, als Einzige einzulösen vermag, was weibliche Reize ihm je versprochen haben. Es ist ein Wettlauf mit der Zeit. Sie hat sich drei Tage erbeten, in denen sie sich frei im Lager bewegen darf, wo sie an einem abseits gelegenen Ort betet und ihre Zwiesprache mit ihrem Gott hält. Drei Tage der aufgeschobenen Lust. Drei Tage, in denen sie sich immer wieder der Wirkung ihrer Reize vergewissert, der Verführungskraft ihres Charmes, der Macht über den großen Holofernes.

Judit ist eine Frau, die beides beherrscht, Demut zu empfinden gegenüber ihrem Gott und den Menschen, aber sie versteht auch zu lenken. Befehle kann sie als geschmeidige Wünsche tarnen, und sie werden erfüllt. Das Haupt des feindlichen Heeres liegt ihr zu Füßen.

»Da sagte Judit zu ihnen: Hört mich an! Ich will eine Tat vollbringen, von der man noch in fernsten Zeiten den Kindern unseres Volkes erzählen wird.«

»Und sie stach zweimal mit ganzer Kraft in den Hals und schnitt ihm den Kopf ab.«

Wie kein anderer nimmt die Renaissancemalerin Artemisia Gentileschi die Bibel wörtlich und zeigt Judits Tyrannenmord als verzweiflungsvolle Bluttat.

Wird die Lust ihn blenden, wird er sich vergessen, wenn der Zeitpunkt, auf den sie zulebt, naht? Der Weltenbezwinger entbrennt in heilloser Leidenschaft für seine größte Feindin. Bereits da hat Holofernes seinen Kopf verloren. Am vierten Tag ist es so weit. Judit führt aus, was sie geplant hat. Ein großes Festmahl wird ausgerichtet, »die Hebräerin«, wie er sie nennt, sehnsüchtig von ihm erwartet. Sie setzt sich zu ihm. »Da schlug das Herz des Holofernes schneller, und er entbrannte vor Begierde nach ihr. Darum sagte er zu ihr: Lass dich nieder, trink und sei fröhlich; denn du hast bei mir Gnade gefunden. Und Judit antwortete: Ja, Herr, ich will fröhlich sein, denn ich bin in meinem ganzen Leben nicht so hoch geehrt worden. Und sie aß und trank mit ihm … Und Holofernes war fröhlich mit ihr.«

Als er neben ihr eingeschlafen ist, trunken nicht nur von Wein, ergreift Judit sein eigenes Schwert, »stach ihn zweimal mit ganzer Kraft in den Hals und schnitt ihm den Kopf ab«. Nirgendwo sonst enthüllt die Bibel einen Mord in solcher Grausamkeit wie bei der Tat einer Frau, die ihr eigenes Leben riskierte, um ihr Volk zu befreien. Judit ist eine Täterin, die das Töten als Arbeit zeigt, als schwere und fürchterliche Arbeit. Als wäre das Buße genug, gönnt die Heilige Schrift ihrer Heldin ein glückliches Ende. Nachdem sie dem Lager der Assyrer entronnen ist, lässt sie das Haupt des Holofernes über der Stadtmauer von Betulia aufhängen. Die führungslosen Belagerer fliehen entsetzt in alle Richtungen. Die Bewohner Betulias feiern den Sieg und Judits Triumph.

Judit, die mit ihren besten Eigenschaften, mit Schönheit, Mut und Klugheit, die Männer das Staunen lehrte, lebte noch viele Jahrzehnte hoch angesehen in Betulia. Sie hat nie mehr geheiratet. Noch lange über ihren Tod hinaus ist Israel nie wieder von Feinden angegriffen worden. In der Tat, was sie vorhersagte, erfüllte sich: Was sie vollbrachte, davon erzählt man bis heute den Kindern nicht nur ihres Volkes.

Mit dem Haupt als Trophäe entkommt die Retterin Israels, begleitet von ihrer Dienerin – hier in einer Szene, gemalt von Orazio Gentileschi –, unbehelligt dem feindlichen Lager.

»Abreisen, abreisen, in die Ferne, und lange Zeit umherirren.« Isabelle Eberhardt

Abenteuer und Entdeckungen

Martha Gellhorn

Isabelle Eberhardt

Ida Pfeiffer

Leni Riefenstahl

Walentina Tereschkowa

Martha Gellhorn

»Desaster girl«

»Boring«, »langweilig«, war ihr Lieblingsschimpfwort. Hauptsache nicht öde, sonst durfte das Leben fast alles sein. Zur Hälfte, so ihre Maxime, sollte es aus Arbeit, dem Schreiben, bestehen, aufreibender wie lustvoller Arbeit, die sie stets an ihre Grenzen führte. Danach gierte sie geradezu – ein Dasein in Muße schien ihr, »als würde man Marshmallows oder Asche kauen, oder beides zusammen«. Und die andere Hälfte? Die hatte »so wild und aufregend und platzend vor Lachen und Lärm« zu sein »wie die entfesselte Hölle«. Am besten, wenn beide ein großes Ganzes ergaben. Dafür setzte sie immer wieder alles in Bewegung. »Verschont mich mit eurer ›Güte‹. Das ist etwas für kleine, pickelige Wesen«, bekannte sie einmal trotzig ihrer ehemaligen Lehrerin. »Ich will kein guter Mensch, ich will die Hölle auf Rädern sein, oder lieber tot. Nur ein Verrückter würde ein schmerzliches, gefährliches, unglückliches Dasein einem langweiligen vorziehen: und so eine Verrückte bin ich.« Als sie dies schrieb, war sie gerade 33, hatte ein Jahr zuvor Hemingway geheiratet und sich als Reporterin, die aufrüttelnd für amerikanische Magazine aus dem Spanischen Bürgerkrieg berichtete, einen Namen gemacht. Damit setzte sie sich auf dem exklusivsten Männerterrain der Zeitungsbranche durch, in der – mehr noch als unter Sportreportern – nur »ganze Kerle für voll genommen« wurden, und zeigte ihren Kollegen, dass sie es an Mut mit jedem von ihnen aufnehmen konnte. »Desaster girl« wurde ihr Spitzname.

Das kämpferische Temperament brachte Martha Gellhorn als Erbteil aus ihrem Elternhaus mit. Neben drei Brüdern wuchs sie in einer liberalen, angesehenen Familie auf. Der Vater stammte aus Breslau, war niedergelassener Arzt und Halbjude wie Marthas Mutter, eine engagierte Sozialreformerin und maßgebliche Vorkämpferin des Frauenwahlrechts. Streitlustig und geltungsbedürftig, wie sie von klein auf war, fing sie schon als Schülerin an, komische Glossen für Lokalredaktionen zu schreiben. Als ihr mit 21 St. Louis und das College zu eng wurden, brach sie mit einer Schreibmaschine und 75 Dollar in der Tasche nach Paris auf, dem Mekka für junge Autoren aus aller Welt.

Martha Gellhorn, geboren am 8. November 1908 in St. Louis/Missouri, gestorben am 15. Februar 1998 in London, Schriftstellerin und bedeutendste Kriegsreporterin des 20. Jahrhunderts, die nahezu alle bewaffneten Konflikte der Welt vom Spanischen Bürgerkrieg 1937/38 bis zur Panama-Invasion 1989 aus nächster Nähe erlebte und beschrieb. Sie bereiste 55 Länder, viele davon etliche Male, lebte auf drei Kontinenten in sieben verschiedenen Ländern, war zweimal verheiratet, das erste Mal mit Ernest Hemingway, veröffentlichte neben zahllosen Kriegsreportagen Romane, Novellen und Kurzgeschichten. Mit knapp 90 Jahren setzte sie ihrem Leben selbst ein Ende.

»Verschont mich mit eurer ›Güte‹. Das ist etwas für kleine, pickelige Wesen.«

Ins Leben heftig verliebt bei permanenter Todesnähe: Ungeduldig eilte Martha Gellhorn von einem Kriegsschauplatz zum nächsten, hier in Palästina 1948. »Ich wäre wirklich ein ziemliches Mannsbild geworden«, sagte sie und entwickelte aus ihren Reportagen einen weltweit erfolgreichen Stil.

Im Büro der *New York Times* erklärte sie, obwohl sie keine Ahnung vom Journalismus hatte, sie könne sofort als Auslandskorrespondentin anfangen. Sie verdiente Geld mit Artikeln über die neueste Pariser Mode, wagte sich auf internationale Konferenzen, verkehrte in der mondänen Welt, hatte eine heftige Affäre mit einem verheirateten Mann und genoss, dass man sie – die große, unerschrockene, glamouröse Erscheinung – überall für ihre freche Eloquenz bewunderte. Doch so richtig glücklich wurde sie nicht mit diesem Leben. War es einfach zu bequem? Oder fehlte nur ein Heldendarsteller? In einem Blick zurück auf jene Jahre resümierte sie mit der ihr eigenen Selbstironie, dass sie diesen »Part wohl oder übel selber übernehmen müsse«.

Zurück in den USA warf sie sich ins Tagesgeschehen. Im Auftrag einer Regierungskommission berichtete sie über die Wirtschaftskrise, über die fatalen Auswirkungen der Großen Depression auf die Ärmsten der Armen. Damals entdeckte sie ihre Leidenschaft für die gute und richtige Sache. Egal welche Folgen ihr Engagement auch hatte, sie behauptete stets untrüglich zu wissen, was die richtige Seite war. Nachdem sie Arbeitern empfohlen hatte, ein paar Fensterscheiben einzuwerfen, um auf ihre Probleme aufmerksam zu machen, wurde sie gefeuert. Allerdings fielen ihre zornig-anklagenden Berichte der Präsidentengattin auf. Von da an wurde Eleonore Roosevelt zu Gellhorns Verbündeter. »Das Einzige, was ich tun kann«, erklärte sie der lebenslangen Freundin, »ist in meiner unmaßgeblichen Position, ein Geräusch gegen das Unrecht, das geschieht, zu machen«. Angst verderbe einem das Leben nur, aber vertreibe nicht das, wovor man sich fürchtet.

»Das Einzige, was ich tun kann, ist in meiner unmaßgeblichen Position, ein Geräusch gegen das Unrecht, das geschieht, zu machen.«

Mit diesem Credo stand für Martha Gellhorn außer Frage, was sie zu tun hatte, als sich 1937 rund 40 000 Freiwillige aus aller Herren Länder, darunter viele Intellektuelle und Schriftsteller, aufmachten, um gegen Franco für die republikanische Sache zu kämpfen. »Ich gehe nach Spanien mit den Jungs. Hab' keine Ahnung, wer die Jungs sind, aber ich gehe mit ihnen.« Einen zumindest kannte sie schon, den Star der amerikanischen Literatur, den Großwildjäger und Frauenverführer Ernest Hemingway. Ein Jahr zuvor waren sie sich zum ersten Mal begegnet, sie bewunderte seine Art zu schreiben, nannte ihn »alter Vogel« und »Laus« und fand ihn vor allem eines: überhaupt nicht langweilig. Beste Startchancen also, um ihr Bedürfnis nach Abenteuer zu stillen, und das in einem Land, das höllisch gefährlich war. Hier würde sie, ihrer Zeit weit voraus, aus sich die furiose Kriegsreporterin machen, die sie mehr als 50 Jahre lang war, die Gewalt verabscheute und Unrecht hasste und doch bis ins hohe Alter dabei sein wollte, weil sie von Kriegen so fasziniert war. Wie ein Aufputschmittel hat die permanente Gefahr und Todesnähe ihr Lebensgefühl ungeheuer angestachelt, stets von der Gewissheit getragen, auf der richtigen Seite zu stehen.

Ein Leben lang schwärmte sie von den heroischen Freundschaften, die dieser Krieg zusammengeschweißt hatte, mit dem Fotografen Robert Capa etwa, für den sie eine dauerhafte Zuneigung empfand, weil sie nicht durch »die Untiefen einer Affäre gestört« wurde. In einer ihrer besten Erzählungen, »Bis der Tod uns scheide«, verewigte sie ihn als ihren »wahren Bruder«. Aus seinem Rat – » … du musst Stellung beziehen, sonst hältst du nicht aus, was passiert« – entwickelte sie ihre ganz neue Art von Kriegsberichterstattung.

Sie schrieb nicht über Truppenbewegungen, Schlachten und Divisionsstärken. Das konnten »die Jungs« besser. Sie schrieb über das, was hinter der Front geschah, über hungernde Menschen, verletzte Kinder, die in Häuserruinen der Kälte trotzten, über Alte, die wie von Sinnen durch die zerstörten Straßen irrten. Sie ging in die Fabriken, Wohnungen und Hospitäler. An diesen Orten, sagte sie einmal, habe sie niemals männliche Kollegen getroffen. Dabei sähe man nur dort, »was der Krieg wirklich kostet«.

»Ich fühle Wut, jede Minute, über alles.«

Ihre Texte waren begehrt, ihr Blick für das Wesentliche war scharf, ihre Meinung zumeist unerbittlich und ihr Engagement immer leidenschaftlich. Journalistische Objektivität hielt sie schlicht für »shit«. *Collier's*, eine Illustrierte mit zehn Millionen Lesern, schickte sie von nun an in die Welt, an alle Fronten. Seit 1937 verpasste sie keinen der großen bewaffneten Konflikte. Ihre Hochzeitsreise führte sie 1940 nach China, wo sie allein, während Hemingway in Hongkong flanierte, die feindlichen Linien der Japaner überflog, in Prag erlebte sie die letzten Tage vor dem Einmarsch der Deutschen, in Finnland war sie dabei, als die Russen einfielen. Draufgängerisch, wie sie war, ließ sie sich auch von einer fehlenden Akkreditierung nicht davon abhalten, ihren »Job zu machen«. Um den D-Day als Augenzeugin mitzuerleben, schmuggelte sie sich auf ein Lazarettschiff und landete, als Krankenschwester verkleidet, mit den alliierten Truppen in der Normandie. Während sie mit anderen zusammen verwundete Soldaten barg, wartete Hemingway tagelang auf einem Presseschiff, bevor er im Kollegenpulk an Land gehen durfte. Obwohl er es war, der sie beim Run auf die Akkreditierungen hinterrücks ausgebootet hatte, konnte er ihr diesen Coup nie verzeihen – fast noch weniger als die Tatsache, dass sie ihn kurze Zeit später verließ.

Martha Gellhorn hatte ihre Bestimmung gefunden. Mehr als alles andere liebte sie die Gefahr, wenn sie todesmutige Männer bei ihren Einsätzen begleitete. Nie lebte sie intensiver. Mit amerikanischen Nachtjägern flog sie während der Luftgefechte im Dezember 1944 durch eisige Schneestürme über die Ardennen, sie saß im Flugzeug neben britischen Bomberpiloten, als diese deutsche Städte angriffen, und sie mischte sich unter die Truppen der Alliierten bei der Befreiung des KZs in Dachau. Gefragt, ob sie je Angst gehabt habe, antwortete sie mit einem klaren »Nein«. Aber: »Ich fühle Wut, jede Minute, über alles. Ich kann nicht begreifen, warum dieses viele Leid sein muss.«

Nachdem er ihr Wem die Stunde schlägt gewidmet hatte, beklagte er sich: »Bist du Kriegsreporter oder Ehefrau in meinem Bett?« Ernest Hemingway (stehend) mit Martha Gellhorn (li. sitzend) hielten es nicht lange mit einander aus; hier 1937 während des Spanischen Bürgerkriegs am Ebro.

Ihr flammender Kampfgeist trieb sie rastlos an. Unermüdlich war sie in den folgenden Jahrzehnten unterwegs, sie schrieb über Kriegswaisen in Italien und die antikommunistische Hetzjagd Joseph McCarthys in den USA, über den Eichmann-Prozess und den Sechs-Tage-Krieg, über den Krieg in Vietnam – weil ihre Reportagen die amerikanische Militärzensur nicht passierten, wurden sie in England veröffentlicht –, über den Tod Francos 1976 und den Bürgerkrieg in El Salvador 1984. Ihre Energiereserven schienen unerschöpflich. Noch 1989 – sie war gerade 81 geworden – berichtete sie von der US-Invasion in Panama. Erst im Bosnienkrieg, drei Jahre später, winkte sie ab. Zum ersten Mal fühlte sie sich den Strapazen einer Reportage nicht mehr gewachsen.

Das Schreiben war für sie Notwendigkeit, damit verdiente sie – teilweise – viel Geld. Dabei flossen ihr die Worte keineswegs immer flott aus der Feder, oft kam es ihr vor wie das Kauen von Zement. Lebendig fühlte sie sich nur auf Reisen (hier 1987 in Helsinki), am glücklichsten – »glücklich wie eine Ziege« – war sie, wenn sie in der glühenden Sonne saß, um dann ins Meer springen.

Auch wenn sie nicht in beruflicher Mission unterwegs war, sah sie die Welt als etwas an, das es zu erobern galt. Wo es ihr gefiel, ließ sie sich sofort nieder, um ein Haus zu bauen, am liebsten an einsam gelegenen, schwer zugänglichen Orten, in Kuba, in Mexiko, in Italien, in Andalusien, in Wales. Von allen schätzte sie ihr Anwesen in Kenia am meisten, denn es lag in menschenleerer Wildnis, eingebettet in die Weiten einer unberührten Landschaft. Doch auch dieses Domizil gab sie wie alle anderen zuvor nach einigen Jahren auf. Nirgends hielt es sie lange. Furchtlos wie sie war, schätzte sie diese Orte als Ruhepol, um zu schreiben, aber dann vermisste sie doch die Geselligkeit, das Trinken, Rauchen, Lachen, den hitzköpfigen Streit mit ihren Freunden. »Mein ganzes Talent scheint darin zu bestehen, Nester zu bauen, die ich dann nicht aushalte«, bekannte sie einem ungarischen Freund. »Auf der ganzen Welt finde ich kein bequemes Bett für mich.«

So unstet wie in ihrem Reiseleben war Martha Gellhorn auch in der Liebe. Als schöne, geistvolle und verwegene Frau wurde sie von vielen Männern begehrt, sie hatte zahlreiche Liebhaber, allesamt attraktive, erfolgreiche Schriftsteller oder Intellektuelle. Aber, wie sie einer Freundin gestand, sie mochte eigentlich keinen Sex. Wie überhaupt sie »die Männer- und Frauenwelt« nicht mochte, die sie doch in vielen ihrer Erzählungen so fein ironisch und menschenklug durchleuchtete. Stattdessen bekannte sie trotzig: »Ich liebte immer nur die Welt der Männer.« Nur dort fühlte sie sich zuhause.

»Der Tod ist gar nichts. Fürchten muss man nur die Art des Sterbens.«

Die letzten Jahre Martha Gellhorns waren von Krankheit gezeichnet. Doch wie sie der Zorn über die Missstände der Politik nie verließ – über Thatcher, die PLO und Reagan regte sie sich leidenschaftlich auf –, verfiel sie nie ins Jammern über ihren Zustand. Als sie, nahezu blind und schwer krebskrank, nicht mehr reisen, lesen und schreiben konnte, reichte es ihr. »Der Tod«, hatte sie viele Jahre zuvor zu einer Freundin gesagt, »ist gar nichts. Fürchten muss man nur die Art des Sterbens.« Mit knapp 90 Jahren nahm sie die kleine weiße Tablette, die sie sich vor Jahren besorgt hatte, und starb. Ihr Ende inszenierte sie so elegant wie ihr Leben: die Wohnung makellos aufgeräumt; auf der Kommode in ihrem Schlafzimmer stand unter Fotografien, auch von Robert Capa, eine Vase mit einem Strauß weißer Tulpen.

VENC

Isabelle Eberhardt

Vagabundin des Fin de Siècle

Maskeraden liebte sie: hier in der Montur eines Matrosen, um 1901

Einen türkischen Dolch im Gürtel, in der Hand eine Gebetskette, angetan mit Fez und Djellaba, der landestypischen Tracht des Maghreb, so gefiel sie sich am besten. Denn Nordafrika war das Land ihrer Träume. Sand, Stille und Sterne, Wind und Wüste – nichts auf der Welt zog sie mehr an als die Weite des Horizonts, das Meer aus Dünen und eine diffuse orientalische Sinnlichkeit. Ihr Berufsziel war Nomadin. »Abreisen, abreisen, in die Ferne, und lange Zeit umherirren!«, an dieser Idee berauschte sie sich wie an einer Haschischpfeife, die ihr in exotischen Abenteuerromanen begegnet war. »Welch glückseliges Gefühl, eines Tages mutig alle Fesseln abzuschütteln, welche das moderne Leben und die Schwäche unseres Herzens uns unter dem Vorwand der Freiheit angelegt haben … und fortzugehen!«

Isabelle Eberhardt, geboren am 17. Februar 1877 in Genf, gestorben am 21. Oktober 1904 in Ain Sefra, Algerien, russischstämmige schweizerische Saharareisende und Reiseschriftstellerin, erhielt später die französische Staatsbürgerschaft, nahm ein männliches Pseudonym an, trat zum Islam über. In Männerkleidern zog sie sieben Jahre lang durch Algerien, Tunesien und Marokko. In dieser Zeit verfasste sie Romane, Erzählungen und Reiseberichte. Kam mit nur 27 Jahren in der Sahara ums Leben.

Isabelle Eberhardt war 20 Jahre alt, als sie mit dem festen Wunsch in Algerien eintraf, das entbehrungsreiche, vermeintlich vollkommen freie Leben eines Naturwesens zu führen. »Ich bin weit von der Welt entfernt«, schrieb sie am 4. August 1900 selig in ihr Tagebuch, »weit von der Zivilisation und ihren scheinheiligen Komödien. Ich bin … frei …« Dabei hätte der Tochter aus wohlhabendem Hause durchaus eine Karriere in Europa offengestanden, sie sprach nicht nur fließend Russisch, Französisch, Deutsch und Italienisch, sie beherrschte auch Griechisch und Latein. Doch Fremdsprachen waren für sie keineswegs nur ein Mittel der Verständigung, sie gewährten ihr Eintritt in eine andere Art des Denkens, in eine fremde Welt. Die größte Faszination übte auf sie das Arabische aus, mit dessen Grundlagen sie sich schon früh beschäftigte ebenso wie mit der Kultur des Orients. Schon mit 14 soll sie den Entschluss gefasst haben, Muslimin zu werden.

Der Hang zum Unkonventionellen war Isabelle wohl in die Wiege gelegt. Ihre Mutter, Nathalie Eberhardt, eine begüterte deutsche Adlige, hatte St. Petersburg und ihren russischen Ehemann verlassen, um mit dem Hauslehrer ihrer drei Kinder nach Genf durchzubrennen. Ihr Liebhaber – der Vater Isabelles –, ein geflohener russisch-orthodoxer

Priester, hing den Lehren Bakunins an und war Anarchist. Er propagierte die freie Liebe samt Abschaffung von Ehe und Eigentum. Man führte ein offenes Haus, empfing russische Nihilisten und betrieb – misstrauisch beäugt von Polizei und der feinen Gesellschaft – in dem verwilderten Garten der feudalen Villa eine frühe Form von Öko-Wirtschaft. Es war also durchaus kein bürgerliches Leben, das diese Familie führte, und dass das einzige Mädchen Knabenkleider trug, rauchte und von »unerforschten Fernen« träumte, störte niemanden in der »Villa Tropicale«.

»Mein schlummernder Fatalismus wurde nach und nach durch den Kontakt zu den Moslems geweckt.«

Aber bald wollte Isabelle das Sehnsuchtsland mit eigenen Augen sehen. Und als ein Arzt ihrer kränkelnden Mutter 1897 einen Klimawechsel empfahl, war es so weit. Die beiden reisten in die algerische Hafenstadt Annaba. Sie waren nicht die einzigen Europäer, die sich zu der französischen Kolonie hingezogen fühlten. Seit Frankreich, England und die Niederlande den afrikanischen Kontinent untereinander aufgeteilt hatten, wurde der Orientalismus Mode und regte die Reiselust – auch die der Damen – an. Doch Isabelle flanierte nicht mit ihresgleichen über die ausladenden Kolonialboulevards. »Was mir hier zuwider ist«, schrieb sie in ihr Tagebuch, »ist das unausstehliche Verhalten der Europäer gegenüber den Arabern, dem Volk, das ich liebe. ›Inch' Allah‹ (wenn Gott es will) wird dieses Volk meines werden.« Stattdessen zog sie Reitstiefel und das lange, weit fallende Gewand arabischer Männer an, versteckte ihr kurz geschnittenes Haar unter einem Fez und streunte durch die Altstadtgassen. Ihre bevorzugten Aufenthaltsorte waren die Teehäuser, die nur für Männer erlaubt waren. Schließlich tat sie, was sie schon lange vorhatte, sie wurde Muslimin. Ihr Motiv diagnostizierte sie hellsichtig: »Mein schlummernder Fatalismus wurde nach und nach durch den Kontakt zu den Moslems geweckt, die sich schon von vornherein mit der unausbleiblichen Vergeblichkeit menschlicher Hoffnung abfinden.«

Als ihre Mutter nach einigen Monaten starb, kehrte sie nicht in die Schweiz zurück. Nun war sie frei, ihr Nomadenleben begann. In kurzer Zeit sprach sie fließend arabisch, ihre Verkleidung legte sie nicht mehr ab, sie wurde ihr zur zweiten Natur. Sie gab sich als Sohn eines Tunesiers und einer Deutschen aus, nannte sich Si Mahmoud, besuchte die heiligen Stätten des Islam, streifte durch Hafenkneipen, rauchte Haschisch, trank Absinth und ließ sich trotz ihrer neuen Identität immer wieder auf Liebesaffären ein. Von ihrem Erbe kaufte sie sich

In den Salons der besseren Kreise war der Maghreb um 1900 schwer »à la mode«. Wer zuhause bleiben musste, verschlang exotische Romane, Tunis, 1901.

»... ich bin nur eine Einzelgängerin, eine Träumerin, die fernab von der Welt frei leben will wie die Nomaden.«

Si Mahmoud alias Isabelle Eberhardt um 1897. Im Kostüm eines jungen Arabers zog sie, ein Hippie der Belle Époque, durch die Hafenkneipen. Sie scheint ihre Rolle perfekt gespielt zu haben, denn zunächst wurde niemand misstrauisch.

einen Araberhengst und ritt, zunächst mit anderen Reisenden, dann allein, durch die Wüste. Wochenlang zog sie von Oase zu Oase, nächtigte in den Zelten der Beduinen und war fasziniert von den kolossalen Dünenlandschaften in der flirrenden Hitze. Dort, in den »Sandmeeren«, entdeckte sie ihre neue Heimat, dorthin würde sie immer wieder zurückkehren. Ihr Impuls war die Erotik der Gefahr.

Inzwischen hatte sie begonnen, ihre Eindrücke vom Leben im Orient zu Papier zu bringen. Während andere Sahara-Reisende jener Zeit sich oft herablassend über die »unterentwickelten« Einheimischen ausließen, identifizierte sich Isabelle Eberhardt glühend mit diesem Land. So viel Anteilnahme war den Behörden suspekt. Man verdächtigte sie mehr als einmal der Spionage. Trotzdem räsonnierte sie eigensinnig, ob irgendwann »die Erde des Südens nicht alle Eroberer vereinnahmen wird, die mit neuen Träumen von Macht und Freiheit kommen«. Und sie war überzeugt: »Afrika verschlingt und absorbiert alles Feindliche. Vielleicht ist es das auserwählte Land, dem einst der Funke entspringt, der zur Erneuerung der Welt führt.« Die kleinen Erzählungen mit den schwärmerischen Gefühlen bot sie französischsprachigen Zeitungen an, doch niemand wollte sie drucken. In den Absagen meinte sie die gewohnte koloniale Überheblichkeit zu spüren, was sie mit den Beduinen nur noch mehr verband.

Wie könnte man hier sesshaft werden? Beduinen in der Wüste Süd-Algeriens.

Nach dem Tod ihres Vaters reiste sie 1899 über Genf nach Paris, um einen Verleger für ihre Geschichten zu finden. Als Tochter einer adeligen russischen Emigrantin standen ihr die Türen zu den exklusiven Salons offen. Dass sie dort in Männerkleidung auftrat, machte Furore, zumal der androgyne Typ das Leitbild des Fin de Siècle war. Mit Pluderhosen und Kaftan wurde sie zum gern herumgereichten Paradiesvogel, dessen Erzählungen von Wüstenabenteuern, von Haremsfantasien man begierig lauschte. Doch trotz des freundlichen Empfangs blieben literarische Aufträge aus. Allerdings bekam sie ein ungewöhnliches Angebot. Gegen ein hohes Honorar sollte sie für die Witwe eines in der Sahara getöteten Millionärs nach dessen Mördern fahnden. Sie steckte den ansehnlichen Vorschuss ein und drängte auf Rückkehr. Viel zu lange hielt sie sich schon in der französischen Hauptstadt auf. »Meine Nomadenseele erwacht«, schrieb sie, »und mich überkommt große Angst, wenn ich nur daran denke, dass ich möglicherweise für lange Zeit hier lahmgelegt bin ...« Aber zugleich ahnte sie offenbar, warum sie stets die Freiheit suchte, um bestenfalls das Ungewisse zu finden. »Für das Publikum setze ich die Maske des … Ausschweifenden auf … Bis heute hat es niemand verstanden, meine wahre Seele zu erkennen … die sich so hoch über die Niedrigkeiten erhebt, durch die ich mein physisches Dasein aus Verachtung gegenüber den Konventionen und auch aus einem eigentümlichen Bedürfnis nach Leiden schleppe …«

Weil sie nicht wusste, wie sie diesem Dilemma entrinnen sollte, gab sie weiter »den Verderbten« – und sehnte sich nach der großen Liebe. Die begegnete ihr, zurück in Algerien, in der Oasenstadt El-Oued. Er hieß Slimène Ehnni und war Leutnant der einheimischen Hilfstruppen. Mit ihm bezog sie eine Hütte, frönte dem Müßiggang und lebte für alle sichtbar in wilder Ehe. Gemeinsam mit ihm trat sie der muslimischen Bruderschaft Kadriya bei, die eigentlich nur Männer in ihren Reihen zuließ, und entging nur knapp einem Anschlag auf ihr Leben. Die wahren Hintergründe des Attentats blieben im Dunkeln. Während der Täter seinen Angriff damit begründete, dass die junge Frau sich frevelhaft verhalte, lebe sie doch wie ein Mann, wurden auch politische Motive vermutet. Schließlich nahm die Außenseiterin nie ein Blatt vor den Mund. »Nein«, beharrte sie gegen jeden Verdacht, »ich bin keine Politikerin, ich bin keine Agentin, ich arbeite für keine Partei; ich bin nur eine Einzelgängerin, eine Träumerin, die fernab von der Welt frei leben will wie die Nomaden, um später zu versuchen, davon zu erzählen.« Jedenfalls stieß sie mit ihrer exzentrischen Lebensweise nicht nur Araber, sondern auch die Franzosen vor den Kopf, zumal sie – ein Affront – außer mit dem Leutnant sich in weitere amouröse Abenteuer stürzte. Man verwies sie als »unerwünschte Ausländerin« des Landes. Doch Isabelle Eberhardt gab nicht auf.

»Was für ein Vergnügen, jemanden zu treffen, der ganz er selbst ist…«

Nachdem sie Ende des Jahres 1901 Slimène Ehnni in Marseille geheiratet hatte – aus diesem Anlass trug sie ausnahmsweise ein Kleid –, wurde sie französische Staatsbürgerin und durfte ungehindert wieder nach Algerien einreisen, wo sie nun durch einen ranghohen Militär tatsächlich zur Spionage angestiftet wurde. Der sollte später in seiner Trauerrede über sie sagen: »Was für ein Vergnügen, jemanden zu treffen, der ganz er selbst ist, jenseits aller Vorurteile, aller Heuchelei und aller Klischees, und der ein freies Leben führt wie der Vogel in der Luft!« Eigentümlich, dass sie in ihren Erzählungen aus jener Zeit eine andere Sprache spricht. Für ihre Heldinnen erfand sie durchweg ein Schicksal, das ihrem eigenen vollkommen entgegengesetzt war. Entweder lieferte sie die jungen Frauen einem von den Eltern bestimmten, wenig liebenswerten Gatten aus oder einem zwar schmucken, aber wankelmütigen französischen Soldaten, der sie jeweils zu seiner Geliebten machte, bis er allein nach Frankreich zurückkehrte. Allerdings verdiente die Autorin mit diesen Geschichten zum ersten Mal ihr eigenes Geld, viel Geld. Ein Pariser Verleger war auf sie aufmerksam geworden, auf das erstaunliche Leben einer Frau, die alles tat, um nicht »comme il faut« zu sein, die blieb, wo es ihr gefiel, liebte, wer ihr gefiel, die allen Sitten

Die Katastrophe von Ain Sefra, die viele Menschen das Leben kostete, erregte sogar in der französischen Hauptstadt die Gemüter. Illustration aus Le Petit Journal, *6. November 1904.*

trotzte, aus Langeweile oder vor Verleumdungen monatelang in die Wüste floh und die sogar Attentate überlebte. War das nicht der Stoff, aus dem Legenden gemacht werden?

Nur wenig später erkrankte Isabelle Eberhardt, geschwächt vom langen Nomadenleben, von Alkohol und Drogen, an Malaria. Zum ersten Mal befiel sie tiefe Mutlosigkeit, und sie hoffte auf Besserung, als sie sich in einem Flusstal an der marokkanischen Grenze ein kleines Haus mietete. Am Abend des 20. Oktober 1904 verwandelte wolkenbruchartiger Regen das ausgetrocknete Flussbett in ein reißendes Gewässer, das die Lehmhütten der Ortschaft mit sich riss. Erst Tage später fand man sie tot unter den Trümmern ihres Hauses. Neben ihr ein schlammverkrusteter Lederbeutel mit Tagebüchern und Manuskripten. Auch ein Romananfang war dabei. Sein Titel: *Le Trimardeur – Der Vagabund.*

Ida Pfeiffer

Keine Zeit fürs Biedermeier!

»Direkt nach Brasilien reiste vorgestern eine mutige Frau«, berichteten die Wiener Sonntagsblätter, und in wohligem Schauder betonten sie, sie reise »allein, von einem unbesiegbaren Drange getrieben, die Welt zu sehen, den Schrecken und Gefahren, die selbst ein männliches Herz erbeben machen, verwegen Trotz zu bieten, vielleicht auch unterzugehen«. Als Ida Pfeiffer zum Auftakt ihrer ersten Reise um die Welt das Segelschiff bestieg, war sie schon in aller Munde. Sie hatte es geschafft, die feine Gesellschaft in den Wiener Salons, die Bierkutscher auf dem Opernring, Ladenmädchen, Offizierskorps und die Anstandsdamen des Biedermeier das Staunen zu lehren: eine kleine, mittellose, unscheinbare Frau, weder von Rang noch akademisch gebildet, ohne Ratgeber und Gönner, ganz auf sich allein gestellt. Sie lebte – damals war sie 49 Jahre alt –, wie sie schon immer leben wollte, von Fernweh getrieben, mit nichts als Mut, Zielstrebigkeit und Selbstvertrauen im Gepäck. Zwei große Reisen lagen bereits hinter ihr. Die erste führte sie nach Palästina und Ägypten, die zweite in den Hohen Norden. Ihre Tagebücher wurden zu Bestsellern und in mehrere Sprachen übersetzt.

Schon als Mädchen träumte Ida Pfeiffer, die bis zu ihrem neunten Lebensjahr gemeinsam mit ihren Brüdern erzogen wurde, vom Reisen. Lieber als mit Kochgeschirr und Puppen hantierte sie mit Säbeln, Trommeln und Gewehren. Dass sie Knabenkleider tragen durfte und – statt Etikette nach Mädchenart – Tapferkeit und Tatkraft als hohes Gut erfuhr, kam ihrem Temperament sehr entgegen. Doch

»... wie lächerlich musste ich in den langen Kleidern aussehen, als ich dabei noch immer lief und sprang und mich in allem benahm wie ein wilder Junge!«

Bevor sie zum letzten Mal ihren Seesack packte, posierte sie vor ihrem Lieblingsrequisit, dem Globus, für einen Wiener Fotografen; 1855.

Ida Pfeiffer, geboren am 14. Oktober 1797, gestorben am 27. Oktober 1858, erste Welt- und Forschungsreisende des 19. Jahrhunderts, Reiseschriftstellerin. Im Alter von 45 begann sie ihr Reiseleben, das sie 1842 in den Orient, 1845 nach Skandinavien führte; 1846–48 nach Brasilien, Chile, Tahiti, Hongkong, Ceylon, Indien, Mesopotamien, Persien; 1851–53 über Kapstadt, Singapur nach Indonesien, Kalifornien, Ecuador, Peru, Nordamerika; ihre dritte Weltreise, 1856–58, endete in Madagaskar, wo sie sich mit einer tödlichen Krankheit infizierte.

nach dem Tod des Vaters, eines wohlhabenden Wiener Kaufmanns, hielt der harte Alltag eines Frauenlebens Einzug. Idas Mutter war fest entschlossen, den Wildfang in das stramme Korsett häuslicher Tugenden zu pressen. Auflehnung war die Folge. Um nicht Klavier spielen und sticken zu müssen, brachte Ida sich Schnittwunden an den Händen bei. Eine von der Mutter erzwungene Ehe mit einem sehr viel älteren, glücklosen Anwalt, der obendrein auch noch Idas Mitgift durchgebracht hatte, scheiterte. Nach der Trennung von dem ungeliebten Mann kümmerte sie sich, mit bescheidenen finanziellen Mitteln ausgestattet, allein um die zwei Söhne. Erst als ihre Kinder auf eigenen Füßen standen, konnte Ida Pfeiffer endlich im März 1842, im Alter von 45 Jahren, ihren Jugendtraum verwirklichen und ihre erste große Reise antreten.

Wie in einem Taumel holte sie in den folgenden 16 Jahren mit Riesenschritten alles Versäumte nach. Sie war die erste Frau, die alleine um die Welt reiste. Weder Gefahren noch Beschwernisse beeindruckten sie, sie nahm jede Art von Strapazen auf sich, um ihrer Lust am Abenteuer nachzugeben. Und sie lernte schnell. Schon in Konstantinopel räumte sie alle Bedenken männlicher Beobachter gegen »Zimperliesen« aus, indem sie versicherte, dass sie reiten könne, was zwar nicht stimmte, aber dann schaffte sie es doch, mit nichts als Willensstärke im Sattel zu bleiben. Schwäche zu zeigen, erlaubte sie sich nicht, auch wenn sie am Rande der Erschöpfung war. In Brasilien wehrte sie mit ihrem Regenschirm mutig den Angriff eines entflohenen Sklaven ab und setzte trotz einer Verletzung ihre Wanderung fort, Südindien durchquerte sie auf

Die Forscherin Ida Pfeiffer schreibt in der Wüste ihre Reiseeindrücke nieder. *Titelbild ihres Buches* Reise einer Wienerin in das Heilige Land, *1850.*

»Vermutlich erhalten Sie mein nächstes Geschreibsel aus irgendeinem fremdartigen, noch nicht entdeckten Welttheile, vielleicht aus Pfeifferia oder vielleicht gar aus dem Monde.«

dem Ochsenkarren, und nahe Bagdad schloss sie sich einer Karawane an, nur mit ihrer Pistole und einer Handvoll arabischer Worte bewaffnet. Sie bestieg als erste Frau die Kordilleren und wohnte furchtlos in großer Nähe dem Ausbruch des knapp 6000 Meter hohen Vulkans Cotopaxi in Ecuador bei, ein Schauspiel, um das Alexander von Humboldt sie beneidete. Der große Forschungsreisende empfand nicht nur großen Respekt vor den Leistungen der Dame aus dem Reich der Habsburger, er verhalf ihr auch als erster Frau zu einer Ehrenmitgliedschaft in der »Gesellschaft für Erdkunde zu Berlin«. Die Naturalien, die sie von ihren Reisen mitgebracht hatte, Pflanzen, Käfer, Schmetterlinge, gingen in die Bestände des kaiserlich-königlichen Hof-Kabinetts ein, darunter auch damals noch unbekannte Arten.

Eine Zeitlang dachte Ida Pfeiffer tatsächlich daran, sich zur Ruhe zu setzen. Aber dann plante sie doch – sie war jetzt 53 – eine zweite Reise um den Erdball, diesmal gen Osten. Über die Südspitze Afrikas nahm sie Kurs auf Singapur, um während der nächsten zweieinhalb Jahre die Inselwelt des Malaiischen Archipels zu erkunden. Hier begannen die größten Abenteuer ihres Reiselebens. Sie hatte sich in den Kopf gesetzt, das Landesinnere von Borneo kennenzulernen, woran sie der britische Konsul – er selbst würde diese Reise niemals wagen – zu hindern suchte. In der Tat, das Unterfangen war nicht ungefährlich, denn die Dajak, die Inselbewohner, waren als Kopfjäger gefürchtet. Doch nach einer halsbrecherischen Wanderung über die Berge erlebte die Wienerin auf dem Festplatz eines Dorfes nur den Schwerttanz der Eingeborenen – »äußerst zierlich und anständig«. Er war das Schönste, was sie an derartigen Darbietungen bisher gesehen hatte. Allerdings erfüllten sie die Kriegstrophäen des Stammes mit Grausen, 36 menschliche Schädel baumelten an einer Girlande im Wind. Als sie später von einer Gruppe kriegerisch johlender Dajak umzingelt wurde, die sich nur dank der offenbar Respekt einflößenden Flagge der britischen Kolonialmacht zum Zurückweichen entschloss, ahnte sie, in welcher Gefahr sie schwebte. Doch wie immer, für Ida Pfeiffer zählte nur das Ergebnis der Expedition: Sie hatte erstmals den Weg quer durch die Insel bis zur Küste für nachkommende westliche Forschungsreisende als gangbar beschrieben.

Ihr wohl aufregendstes und am meisten Aufsehen erregendes Erlebnis – in vielen Zeitungen wurde darüber berichtet – hatte sie auf Sumatra. Sie begab sich zu den Batak, von denen behauptet wurde, sie seien Menschenfresser. Wiederum hielten Warnungen sie nicht von ihrem Vorhaben ab. Seit zwei Jahrzehnte zuvor einige Morde passiert waren, wagte sich kein Europäer ohne Militäreskorte dorthin. Doch die unerschrockene Reisende wollte als erste Weiße den Toba-See sehen. Es war ein langer, harter Fußmarsch durch undurchdringliches Dickicht, über Baumstämme in schwindelnder Höhe, durch tiefen Schlamm, der oft bis über die Knie reichte. Je weiter es ging, umso bedrohlicher wurde die Lage. Trommeln, Rufe, Geschrei war zu hören, bis sich der kleinen Reisegruppe ein Trupp martialisch aussehender Krieger in den Weg stellte, um sie anzugreifen. Ida Pfeiffer behielt die Nerven. In einem wilden Kauderwelsch aus Dialekt und Pantomime gab sie zu verstehen, dass Frauenfleisch, »das schon so hart und zähe« sei, wohl nicht gut munden würde. Die Batak lachten, sie hatte gewonnen.

Mit diesem Budget wären »Reisende wie der Fürst Pückler-Muskau höchstens auf einer vierzehntägigen Badereise ausgekommen«.

Es hatte den Anschein, als ob Hindernisse und Gefahren sie besonders reizten. Gerade das Unmögliche, das, was niemandem bisher gelungen war und was keiner ihr zutraute, setzte sie in die Tat um. Im Grunde ließ sie sich wenig beeinflussen und war bestrebt, sich stets ihr eigenes Bild zu machen. So auch im Falle der Molukken. Die gefährliche Reise über diese Inseln hatten vor ihr erst zwei Europäer gewagt, und zwar in der Obhut einer 150 Mann starken Eskorte. Ida Pfeiffer wurden vom Gouverneur 20 Einheimische, die größte Mannschaft, die sie je begleitet hatte, an die Seite gestellt. Die sollten sie vor den angeblich besonders wüsten Kopfjägern beschützen, die sich jedoch als scheue und sanfte Menschen erwiesen. Auch wenn sie sich am liebsten auf den Augenschein und ihr eigenes Urteil verließ, beharrte sie nicht darauf, jedes Vorhaben auszuführen. Denn unvernünftig war Ida Pfeiffer nicht. Wusste sie aus zuverlässiger Quelle, dass Unruhen eine echte Bedrohung darstellten, wie in Persien, stellte sie ihre Pläne um. Auch in China, wo sie als weiße Frau in heftige Bedrängnis geriet, beschloss sie, das Land vorzeitig zu verlassen.

Oft änderte sie ihre Route aus finanziellen Gründen, wenn sich gerade eine preisgünstige Passage anbot, wie die von Jakarta nach San Francisco. Da sie gezwungen war, sparsam zu wirtschaften, wählte sie häufig das billigste, nur von Einheimischen genutzte Transportmittel.

Sie verstand es, auf ihren mehrjährigen Fahrten mit einem so kleinen Budget zu haushalten, »mit dem Reisende wie der Fürst Pückler-Muskau höchstens auf einer vierzehntägigen Badereise ausgekommen wären«. Primitive Unterkünfte, schmutzige, von Ungeziefer befallene Nachtlager stellten nicht selten ein gesundheitliches Risiko dar. Aber davor schreckte sie genauso wenig zurück wie vor Affenbraten oder gesottener Boa. Auch als ihr die Malaria, die sie sich auf den Gewaltmärschen durch Sumatra zugezogen hatte, heftig zusetzte, war sie nicht bereit, sich zu schonen. So betrieb sie während des Aufenthalts in Süd- und Nordamerika Raubbau an ihren Kräften. Auf Madagaskar schließlich verdächtigte man sie irrtümlich, sich an einem Putschversuch gegen die Königin beteiligt zu haben, und sie wurde deshalb gefangen genommen. Damals war sie bereits tödlich erkrankt, was sie aber nicht davon abhielt, neue Reisepläne zu schmieden. Von einem heimtückischen Fieber völlig geschwächt, kehrte sie 1858 nach Wien zurück, wo sie wenige Tage nach ihrem 61. Geburtstag starb.

Ida Pfeiffer im Reisekostüm, mit Schmetterlingsnetz, Bali-Hut und ledernem Trinkbecher; eine Lithografie, die Adolph Dauthage 1856 für die Modezeitung Die Wiener Elegante *anfertigte.*

Leni Riefenstahl

»Realität interessiert mich nicht«

Sie ist »der größte weibliche Filmemacher aller Zeiten« laut *New York Times* und zweifellos die umstrittenste Deutsche bis heute. Keine andere Regisseurin hat jemals so viel Beachtung gefunden und so viel Kritik hervorgerufen wie Leni Riefenstahl. Populär ist sie noch immer. Ihr Film *Olympia* wird wegen seiner Verherrlichung des menschlichen Körpers als Inbegriff faschistischer Ästhetik angesehen, zugleich wurde er mehrfach ausgezeichnet und in eine Liste der 100 wichtigsten Filme aller Zeiten aufgenommen. Karriere machte sie durch ihre Freundschaft mit Hitler. Am Ende hat sie dafür einen hohen Preis bezahlt, denn den braunen Schatten wurde sie nicht mehr los.

Leni Riefenstahl begann ihre künstlerische Laufbahn nicht als Filmemacherin. Die Tochter eines tyrannischen Vaters durfte bis zum 21. Lebensjahr mit keinem Mann ausgehen, sie trieb Sport bis zur Erschöpfung und hatte nur einen Traum: Tänzerin werden. Als der Vater erfuhr, dass sie mit Unterstützung der Mutter – die von der Tochter innigst geliebt wurde – heimlich Tanzunterricht nahm, drohte er mit der Scheidung. Leni lenkte ein und wurde sogar seine Sekretärin, um dann doch ihr Ziel durchzusetzen. Nach einem vielversprechenden Anfang, der sie kurz neben Mary Wigman und Valeska Gert aufleuchten ließ, machte eine schwere Knieverletzung erst mal alle Hoffnungen zunichte.

Da es ihr beim Tanz um den »expressiven Selbstausdruck des Körpers« gegangen war, lag der Wunsch, zum Film zu gehen, nicht fern. Den teilte sie im Berlin der 1920er-Jahre, der deutschen Film- und Kinometropole, mit vielen jungen Mädchen. Doch sie wollte nicht einfach Filmschauspielerin werden, sie wollte zum Bergfilm, einem spezifisch deutschen, damals boomenden Genre, einer typischen Männerdomäne. Damit unterschied sie sich von ihren Zeitgenossinnen. Denn sie träumte nicht vom schönen Divaleben, sie wollte als Sportlerin auftrumpfen, als Alpinistin in den Bergen, die sie allerdings nur von Postkarten kannte.

Ohne Doubles und doppelten Boden – die Hauptdarstellerin Leni Riefenstahl machte, wie hier in Die weiße Hölle vom Piz Palü, *1929, den Bergfilm zur Erfolgsmarke des deutschen Kinos.*

Leni Riefenstahl, am 22. August 1902 in Berlin geboren, gestorben am 8. September 2003 in Pöcking am Starnberger See, Filmregisseurin, Schauspielerin, Fotografin; mit ihren Filmen *Triumph des Willens* (1935) und *Olympia* (1936–38) war sie Hitlers beste Propagandistin; ihre zweite Karriere nach dem Krieg begann 1962, als sie die Nuba, einen ostafrikanischen Stamm, fotografierte.

So wurde es schwer für sie, in den 1950er-Jahren Anschluss an ihre Karriere zu finden. Nachdem alle Comeback-Versuche gescheitert waren, entschloss sie sich umzusatteln. Denn über eine ganz besondere Fähigkeit verfügte sie: Riefenstahl war stets bereit, sich den Zeitläufen anzupassen. So wechselte sie den Kontinent und das Metier. Von Hemingway ließ sie sich zu Afrika inspirieren und von einem Foto von George Rodger für den Stamm der Nuba, der unberührt von der Zivilisation im Südsudan lebte. Bloß wo, das war nicht bekannt. Sechs Jahre lang versuchte sie vergeblich, zu ihm vorzudringen, bis sie sich schließlich einer wissenschaftlichen Expedition anschließen konnte, die den Sudan bereiste. Riefenstahl, die nur mitgenommen wurde, weil sie einen Film über deren Arbeit versprochen hatte, lenkte den Tross von Anfang an nach ihren Wünschen. Die geplante Route wurde um 1000 Kilometer verlegt, so dass sie endlich in die Nuba-Berge vorstoßen konnte, einen Distrikt, der nur mit Sondergenehmigung betreten werden durfte. Tagelang auf staubigen Pisten unterwegs, von wachsenden Spannungen belastet, fand die Gruppe schließlich einen Pfad in die unzugänglichen Berge und irrte bei knapp 50 °C durch unwegsames Gelände – bis sie auf die ersten, kunstvoll geschmückten Nuba traf. Sie

»Nie habe ich bestritten, dass ich der Persönlichkeit Hitlers verfallen war. Dass ich das Dämonische zu spät in ihm erkannt habe, ist zweifellos Schuld oder Verblendung ...«

Ihre Freundschaft mit dem Diktator verschaffte Leni Riefenstahl den Auftrag für den Propagandafilm über den Parteitag der NSDAP in Nürnberg, Triumph des Willens. *Neuartige Techniken wie bewegte Kameras und Luftaufnahmen, suggestive Musik und raffinierte Bildmontagen standen ganz im Dienste nationalsozialistischer Allmachtsphantasien – und machten den Film zu einem der meistzitierten Werke der Filmgeschichte. Hier mit Adolf Hitler während einer Drehpause im September 1934.*

sahen genauso aus wie auf Rodgers Bild und hatten sich gerade zu ihren rituellen Stammesringkämpfen zusammengefunden. So war Leni Riefenstahl im November 1962 endlich ans Ziel gekommen. Während die Expedition weiterzog, blieb sie als Einzige zurück. Sieben Wochen dauerte ihr Aufenthalt, den sie dazu nutzte, Menschen bei ihren täglichen Verrichtungen zu fotografieren, tanzend, kämpfend und während ihrer rituellen Zeremonien. Sie lernte die Sprache der Ureinwohner, denen nie zuvor eine weiße Frau begegnet war, und gewann deren Vertrauen.

Nach diesem ersten Besuch fuhr sie regelmäßig alle zwei Jahre in den Sudan. Meist blieb sie mehrere Monate und lebte wie ein echtes Stammesmitglied in der Dorfgemeinschaft. Auch als sie bereits über 70 war, schreckten sie die Strapazen nicht. Schließlich machte sie mit den Fotos, die sie von diesen Reisen mitbrachte, ihre zweite Karriere, mit Bildern, die einmal mehr den Traum vom »edlen Wilden« heraufbeschworen, vom jungen, kraftvollen, makellosen Körper. Dass in der Zeit, als ihre Fotografien entstanden, im Sudan ein Bürgerkrieg tobte, hielt Riefenstahl nicht davon ab, Bilder einer heilen Welt zu produzieren: »Ich kann nur sagen, dass ich mich von allem Schönen spontan angezogen fühle. Ja: Schönheit, Harmonie. ... Was lediglich realistisch ist, aus dem Leben gegriffen, durchschnittlich, alltäglich, das interessiert mich nicht ... Mich fasziniert alles, was schön ist, stark, gesund, was lebt.« Die Frau, die sich über Grönland tollkühn aus dem Flugzeug ins eiskalte Meer warf, dem Hagelschlag in den Schweizer Bergen die Stirn bot – nur für ein paar sensationelle Filmsekunden – diese Frau verschloss wie gewohnt vor einer schrecklichen Wirklichkeit die Augen, gemäß ihrer Lebensmaxime: »Realität interessiert mich nicht.«

»Mich fasziniert alles, was schön ist, stark, gesund, was lebt.«

Ein einziges Mal aber verfing dieser Spruch nicht, als sie im Februar 2000, knapp 40 Jahre nach ihrem ersten Besuch, ein letztes Mal zu den Nuba reiste, um einen Dokumentarfilm über ihr Leben in Afrika zu drehen. Das Unternehmen war gefährlich, weil erneut Kämpfe in den Nuba-Bergen ausgebrochen waren, so dass man ihr riet abzuwarten. Trotzdem brach die Gruppe auf. Leni Riefenstahl, hochbetagt, war von den Strapazen der Fahrt und den Temperaturen von 40 °C in der Steppe vollkommen erschöpft. Kaum angekommen, schlugen in nächster Nähe Mörsergranaten ein, wilde Schussgefechte waren zu hören. Der Bürgerkrieg hatte sie eingeholt, sie mussten sofort umkehren. Der uralte Hubschrauber, der die Gruppe nach Khartoum zurückbringen sollte, hatte in 50 Metern Höhe einen Motorschaden und stürzte ab. Leni

Riefenstahl wurde bewusstlos mit mehreren Rippenbrüchen aus den Trümmern des Wracks geborgen und ins Krankenhaus gebracht. Ray Müller, der Regisseur des Dokumentarfilms, berichtete: »Die alte Frau krümmt sich vor Schmerzen. Sie hat zwei Rippen gebrochen. Als sie erfährt, dass niemand tödlich verletzt ist, sinkt sie erleichtert in die Kissen. Sekunden später richtet sie sich wieder auf: ›Habt ihr mich gefilmt, als man mich aus der Maschine zog?‹ Sofort sind ihre Gedanken wieder ganz beim Film. Sie schlägt vor, fehlende Szenen zuhause nachzudrehen ... Typisch Leni.«

In einer Zeit, in der andere längst im Ruhestand sind, dachte Riefenstahl noch lange nicht ans Aufhören. Im Gegenteil, sie suchte sich wieder ein neues Terrain. Waren es in den 1960er-Jahren die sudanesischen Berge, in die sie sich vor ihrer Vergangenheit flüchtete, so zog es sie zehn Jahre später in die Unterwasserwelt. Im buchstäblichen Sinne »tauchte« sie nun aus der Realität ab, hinab in die Tiefen des Meeres. Weil wie immer in ihrem Leben alles perfekt sein sollte, besuchte sie mit über 70 Jahren in Kenia eine Tauchschule. Um überhaupt aufgenommen zu werden, machte sie sich zum ersten Mal in ihrem Leben jünger und schrieb »1922« statt »1902« auf die Anmeldung: »Trotz der Verjüngung um 20 Jahre war ich immer noch mit Abstand die älteste Teilnehmerin. Man hatte mich mit Achselzucken in den Kurs aufgenommen und wahrscheinlich dabei gedacht: Das schafft die nie!« Erst nach bestandener Prüfung enthüllte sie den Tauchlehrern ihr wahres Alter.

1974 führte sie ihre erste Reise zum Roten Meer, wo sie begann, unter Wasser zu fotografieren, obwohl es von Haien nur so wimmelte. Von da an tauchte sie in allen Meeren der Welt, auf den Malediven, in Sri Lanka, Kenia, in der Karibik und schließlich in Mikronesien. Mit weit über 90 Jahren galt sie als die älteste Tiefseetaucherin der Welt.

Sie erschienen ihr wie »Wesen von einem anderen Stern«, die Stämme der Nuba im südlichen Sudan. Mit den von dort mitgebrachten Bildern, wie dem »Liebestanz« junger Nuba-Frauen von 1975, die weltweit Aufsehen erregten, schaffte sie ihr lange ersehntes Revival.

Mehr noch als Frauen faszinierten Leni Riefenstahl die hochgewachsenen, muskulösen Körper der Männer. Auf der Jagd nach dem spektakulärsten Bild reiste Leni Riefenstahl viele Male zu dem entlegenen afrikanischen Stamm. Alle wichtigen Illustrierten von Time-Life *über* Stern *bis zu* Paris-Match *brachten ihre Fotos, die von Kritikern als »einzigartiger Hymnus an die Schönheit des menschlichen Körpers« gefeiert wurden.*

Obwohl sie seit einem Skiunfall unter schweren Schmerzen litt, die nur mit Morphium zu betäuben waren, brach sie noch 1998 nach Papua-Neuguinea auf, nahm einen über 30-stündigen Flug auf sich, um nochmals ein neues Tauchparadies zu entdecken. In ihrem letzten Film sieht man die weit über 90-Jährige, wie sie einem auf dem Meeresgrund ruhenden Rochen entgegenschwimmt, einem Stachelrochen. Eine absolute Rarität, so sagt sie, 18 Jahre habe sie auf ihn gewartet. Der Fisch hat einen Durchmesser von anderthalb Metern und einen lanzengleichen Schwanz. In einem schnellen Schlag kann er damit einen Menschen töten. Leni Riefenstahl blickt durch die Taucherbrille in die Kamera, schwimmt langsam näher und tätschelt dem Rochen den Rücken.

Walentina Tereschkowa

Eine »Möwe« im Weltall

Es war um 12 Uhr 32 Moskauer Zeit, am 16. Juni 1963 auf dem sowjetischen Weltraumbahnhof Baikonur in Kasachstan. Die erste Frau hob ab Richtung All und wagte sich wenig später über die Erdatmosphäre hinaus.

Als sie zur Startrampe fuhr, trug sie einen orangefarbenen Raumanzug, auf dem über der linken Brust ihr Markenzeichen eingestickt war: eine schneeweiße Möwe. Bevor sie den Fahrstuhl betrat, der sie zur Spitze der Rakete mit »Wostok 6« hinaufbringen sollte, küsste sie die ersten drei Kosmonauten ihres Landes, Juri Gagarin, German Titow und ihren zukünftigen Mann Adrijan Nikolajew.

Das sollte für drei Tage und eine lange Ewigkeit ihre Erinnerung an die Erde sein. Kurz darauf meldete »Tschaika« – zu Deutsch Möwe – an die Bodenstation, dass die Geräte hervorragend funktionierten und sie sich bestens fühlte. Wahrhaft überwältigt war sie vom Blick zurück, aus dem Weltraum auf die Erde, »die ich in 200 Kilometern Höhe in anderthalb Stunden einmal umrundete. 16 Mal am Tag sah ich die Sonne auf- und untergehen. Deutlich waren die Kontinente und Meere, die großen Städte und Flüsse, Wälder und Wüsten zu erkennen.« Überwältigt wurde sie von der »Schönheit unseres Blauen Planeten. Die Erde erschien zugleich aber auch klein und verwundbar in der Unendlichkeit des Universums.« Wie verwundbar, wie gefährdet sah sie sich selbst? »Wichtig war für mich das Gefühl, mit der Hand am Steuer die Lage des Raumschiffes in seiner Bahn zu bestimmen.« Später würde sie sagen,

»Wichtig war für mich das Gefühl, mit der Hand am Steuer die Lage des Raumschiffes in seiner Bahn zu bestimmen.«

Walentina Wladimirowna Tereschkowa, geboren am 6. März 1937 in Maslennikowo bei Jaroslawl an der Wolga, sowjetische Kosmonautin, die erste Frau im Weltraum und bis 1982, zum Raumflug von Swetlana Sawizkaja, die einzige. Der Flug mit dem Raumschiff »Wostok 6« dauerte zwei Tage, 22 Stunden und 50 Minuten. Sie umkreiste die Erde 48 Mal und legte eine Strecke von 1,971 Millionen Kilometern zurück.

Ganz so entspannt wie in dem Dokumentarfilm von 1969 über ihre Reise ins All war sie in Wirklichkeit nicht, als sie an jenem legendären Junitag 1963 die Initialen der UdSSR auf ihrem Helm in den Weltraum trug.

Während des harten Trainingsprogramms wurde sie in der Unterdruckkammer auf die Verhältnisse im Weltraum vorbereitet – keine leichte Übung für die junge Frau, die am meisten den freien Fall durch die Luft liebte, bevor sich der Fallschirm öffnete.

dass dieser Moment, als sie die komplizierte Weltraumtechnik zum ersten Mal meisterte, zu den aufregendsten ihres Lebens überhaupt zählte, und sie versäumte nicht, dabei die »zärtliche Frauenhand – so nennen sie die Männer doch gern« – mit einem Hauch von Süffisanz ins Spiel zu bringen.

Sie war der zehnte Mensch im Weltraum und würde länger durch das All sausen als alle amerikanischen Astronauten zusammengerechnet und als jeder ihrer männlichen sowjetischen Kollegen bisher. Außerdem war ihr klar, sie flog in politischer Mission. Dank ihres Pioniergeists, ihres Muts würde die Sowjetunion abermals den Wettlauf um die Vorherrschaft im All gewinnen. Schon als die beiden Supermächte um den ersten bemannten Flug konkurrierten, hatte die US-Weltraumbehörde Nasa das Nachsehen gehabt: Alan Shepherd reiste drei Wochen später als Juri Gagarin in den Himmel. Das Rennen um die erste Frau nahmen die Amerikaner gar nicht erst auf, dafür planten sie schon das Mondprogramm Apollo. Walentina Tereschkowa war

Nikita Chruschtschows Favoritin. Da man von der ersten Kosmonautin einen sensationellen Publicity-Effekt erwartete, legte man Wert auf die perfekte kommunistische Biografie, aber auch auf ein perfektes Auftreten in der Öffentlichkeit und ein sympathisches Äußeres. Couragiert, aber bescheiden, diszipliniert, sportlich, offenherzig und freundlich – sie verkörperte glaubwürdig den Typus der modernen, jungen Frau der 1960er-Jahre. Dass sie eine gewisse Ähnlichkeit mit der schwedischen Schauspielerin Ingrid Bergman hatte, soll auch eine Rolle gespielt haben.

Nach dem 12. April 1961 hieß ihr Idol, wie für viele junge Frauen in der Sowjetunion, Juri Gagarin.

Aus einfachsten Verhältnissen stammend – der Vater, ein russischer Bauer, fiel im Zweiten Weltkrieg, die Mutter hatte als Fabrikarbeiterin drei Kinder durchzubringen – besuchte sie erst ab dem zehnten Lebensjahr eine Schule, arbeitete dann in einem Reifenwerk, später als Büglerin in einem Textilkombinat. Im Abendstudium machte sie ihr Diplom als Technologin für Baumwollspinnerei und wurde Sekretärin des Kommunistischen Jugendverbandes ihres Betriebs. Ebenfalls nebenbei lernte sie Fallschirmspringen, wobei sie beim ersten Mal prompt ins Wasser fiel und fast ertrunken wäre. Nach dem 12. April 1961 hieß ihr Idol, wie für viele junge Frauen in der Sowjetunion, Juri Gagarin. Von da an träumte sie nur noch davon, dem Mann nachzueifern, der als Erster in der Menschheitsgeschichte in 108 Minuten einmal die Erde umrundet hatte. Von da an verschlang sie sämtliche Literatur über Kosmonautik, was ihr den Spitznamen »Gagarin im Rock« eintrug. Bloß warum, so ihre Überzeugung, sich mit dem Träumen begnügen? Warum nicht nach den Sternen greifen? Zusammen mit ein paar Freundinnen schrieb sie einen Fan-Brief an das Zentralkomitee der Partei nach Moskau mit der Bitte, in das neue Kosmonautenteam aufgenommen zu werden. Sie wurde ausgewählt.

Im April 1962 betrat sie zusammen mit vier weiteren Kandidatinnen zum ersten Mal das legendäre »Sternenstädtchen«, ein streng abgeschirmtes Militärobjekt mitten im Wald, 40 Kilometer nordöstlich von Moskau. Das Schulungszentrum für Kosmonauten mit seinen Testanlagen, Laboratorien und Wohnhäusern war damals gerade anderthalb Jahre alt. In einem Crashkurs von nur acht Monaten lernte sie das Handwerkszeug des Kosmonauten, und es wurde ihr nichts geschenkt. Anders als die ersten Raumfahrer, die allesamt Kampfflieger waren, hatte sie keinerlei Flugerfahrung. Sie lernte die Steuerung von Flugzeugen verschiedener Typen ebenso wie Zielsprünge mit dem Fallschirm, wurde in der Zentrifuge bis zum Zwölffachen ihres Gewichts beschleunigt, auf dem »Teufelsstuhl« in alle Richtungen herumgewirbelt, auf dem »Rüttelstand« hatte sie fortgesetzte »Zitterpartien« durchzustehen, und sie büffelte von früh bis spät kosmonautische Theorie. Die schwerste Prüfung aber war die Einzelzelle. Das hieß, drei Wochen lang völlig abgeschnitten von der Außenwelt, unter dem Verlust jeden Zeitgefühls, in bedrückender Stille auszuharren, dabei extremem Druck und hohen Temperaturen ausgesetzt zu sein. Dagegen mutete das Überlebenstraining, bei dem am Schwarzen Meer, in Taiga, Tundra und der Wüste Notlandungen geübt wurden, wie ein Abenteuerurlaub an. Tereschkowa konnte den Wettbewerb für sich entscheiden.

»Sagen Sie bitte meiner Mutter, sie soll sich keine Sorgen machen.«

Trotz des atemberaubenden Blicks war der Flug strapaziös. Wie in einer Sardinendose lag sie festgeschnallt auf ihrem Sitz. Die Kabine mit einem Durchmesser von etwas mehr als zwei Metern teilte sie sich – zum Glück war sie eine zierliche Person – mit Instrumententafeln, Funkgeräten und Systemen für die Energie- und Sauerstoffversorgung. Als Talisman hatte sie dazwischen den roten Wimpel festgeklemmt, den ihre Mutter extra für sie, zum Mitnehmen in den Weltraum, genäht hatte. Sie trug ihn, für alle weithin sichtbar, als sie die Rampe zum Raumschiff hochfuhr. Als die Tochter im Weltraum über die Wolga, über ihr Heimatdorf flog, bat sie die Bodenstation: »Sagen Sie bitte meiner Mutter, sie soll sich keine Sorgen machen.«

Während der ersten Erdumrundung näherte sie sich, wie berechnet, auf etwa viereinhalb Kilometer der Raumkapsel »Wostok 5«, in der ihr Kosmonautenkollege Waleri Bykowski saß. Sie meldete das kosmische Rendezvous direkt an den Kremlchef Chruschtschow in der Bodenstation. Da war sie noch obenauf, machte Fotos von der Erde, aber ein Experiment blieb unvollendet, weil sie die Ausrüstung nicht erreichen konnte, ein lebensgefährlicher Defekt im Raumschiff wurde entdeckt – und behoben. Immer wieder hatte sie jetzt mit Schwindelanfällen zu kämpfen, so dass sie phasenweise einschlief und auf Funksprüche nicht reagierte. Von der Erde aus schaltete man, um sie aus ihrem Dämmerzustand zu reißen, das Kabinenlicht ein und aus. Möglicherweise vertrug sie die Schwerelosigkeit nicht, wie schon ihr männlicher Kollege German Titow, der unter Übelkeit und Gleichgewichtsstörungen litt. Einmal musste sie sich sogar übergeben. Allzu groß konnte die physisch-psychische Instabilität, von der später allenthalben geschrieben wurde, aber nicht gewesen sein. Denn der ursprünglich für 24 Stunden geplante Flug wurde noch um zwei Tage verlängert, so dass sie die Erde 48 Mal umrundete und dabei eine Strecke von knapp zwei Millionen Kilometern zurücklegte. Als sie nach 70 Stunden zur Erde zurückkehrte, entdeckte sie, nachdem der Fallschirm aufgegangen war, weit unter sich einen See. Er lag einige Hundert Kilometer nördlich von ihrem kasachischen Zielort. Vor dem Notwassern hatte sie keine Angst, sie stellte sich nur vor, wie ihre Kollegen darüber lachen würden: »Da schickt man ein einziges Mal eine Frau in den Orbit und sie schafft es, den einzigen See in der Gegend zu finden.« Bei aller Lebhaftigkeit besaß sie ein ausgeglichenes Temperament, das sie auch in brenzligen Situationen die Ruhe bewahren ließ.

Dass sie jahrzehntelang die einzige Frau bleiben würde, die es so hoch hinaus brachte, wusste die Pionierin der Raumfahrt damals noch nicht. Bis die erste Amerikanerin ins All aufbrach, die promovierte Astrophysikerin Sally Ride, hatte sie fünf Jahre lang bei der Nasa ihren Dienst am Boden zu verrichten, bevor sie 1983 an Bord der Raumfähre Challenger zu einem sechstägigen Flug abhob. Mittlerweile ist es zwar

Noch einmal das Gewicht der Arme spüren, ein letzter Blick auf die gute, alte Erde: Walentina Tereschkowa machte sich bereit, um den Lift zum Raumschiff zu besteigen.

»Zum Roten Planeten würde ich auch heute noch ohne Aussicht auf Rückkehr starten.«

keine Sensation mehr, wenn eine Frau ins All fliegt. Peggy Whitson etwa leitete als erste Frau die Internationale Raumstation ISS. Mit 377 Tagen im Orbit hat sie sogar mehr Weltraumerfahrung als jeder ihrer männlichen Nasa-Kollegen. Dennoch waren unter den knapp 500 Menschen, die bisher in einem Raumschiff die Erde verlassen haben, weniger als 50 Frauen. So wirbt die europäische Raumfahrtagentur ESA ausdrücklich um weibliche Bewerber. Zu ihren größten Fürsprecherinnen zählt Walentina Tereschkowa. »Glaubt an eure Träume, traut euch!«, so ihre Parole. Sie weiß in der Tat, wovon sie spricht.

Die drei Tage im All veränderten das Leben der »Amazone des Kosmos«, wie man sie damals nannte, vollkommen. Nach der gelungenen Landung wurde ihr in Moskau ein triumphaler Empfang bereitet, Schlagzeilen der Weltpresse beglückwünschten sie, eine Briefmarke mit den Porträts der beiden Kosmonauten machte die Runde. Schon bald wurde »Walja« Tereschkowa als Botschafterin des Sozialismus auf Reisen geschickt. Allein, mit Gagarin oder Bykowski trat sie in den sozialistischen Bruderländern, aber auch im westlichen Ausland auf. Dabei zeigte sich, dass die Kosmonautin der ersten Stunde ihre

Der Erste und die Erste im All: Juri Gagarin und Walentina Tereschkowa, die besten Sympathieträger, die die Sowjetunion je hatte.

Sache in der Öffentlichkeit sehr gut machte. Für Schlagzeilen sorgte sie auch im November 1963, als sie den »Wostok 3«-Kollegen Adrijan Nikolajew heiratete. 1964 wurde dann die gemeinsame Tochter Aljenka geboren, das erste »Weltraumbaby«, dessen Eltern Kosmonauten waren. Während sie sich in späteren Jahren international weniger präsentierte, machte die First Lady der Raumfahrt in der Sowjetunion eine Bombenkarriere. Sie wurde Mitglied des »Obersten Sowjet«, des Zentralkomitees der Kommunistischen Partei, Vorsitzende des »Frauenkomitees«, Trägerin des Lenin-Ordens und des Ehrentitels »Held der Sowjetunion«. In 18 Städten weltweit ist sie Ehrenbürgerin, ein Tal auf dem Mond trägt ihren Namen, und sogar ein ganzer Himmelskörper, der Planet Nummer 1671, heißt in Erinnerung an ihren kosmischen Funknamen »Tschaika«. Heute sitzt die 73-jährige Raumfahrtveteranin für die Partei »Einiges Russland« im Parlament ihrer Heimatregion Jaroslawl. Selbst im Rentenalter träumt sie noch von einer Rückkehr ins All. Wenn sie genug Geld hätte, würde sie als Touristin zur Internationalen Raumstation fliegen wollen, sagte Tereschkowa an ihrem 70. Geburtstag, und jüngst ergänzte sie, dass sie seit Jahrzehnten vom Mars träume. »Zum Roten Planeten würde ich auch heute noch ohne Aussicht auf Rückkehr starten.«

»*Walja*« on tour: *Kaum zurück auf der Erde, reiste sie in einem begeistert applaudierten Werbefeldzug um die Welt, hier mit Gagarin zu Besuch in Ost-Berlin im Oktober 1963.*

»Wenn ich nicht mehr schreibe,
haben meine Feinde ihr Ziel erreicht.«
Anna Politkowskaja

Politisch aktiv

Lisa Fittko

Ulrike Meinhof

Anna Politkowskaja

Ayaan Hirsi Ali

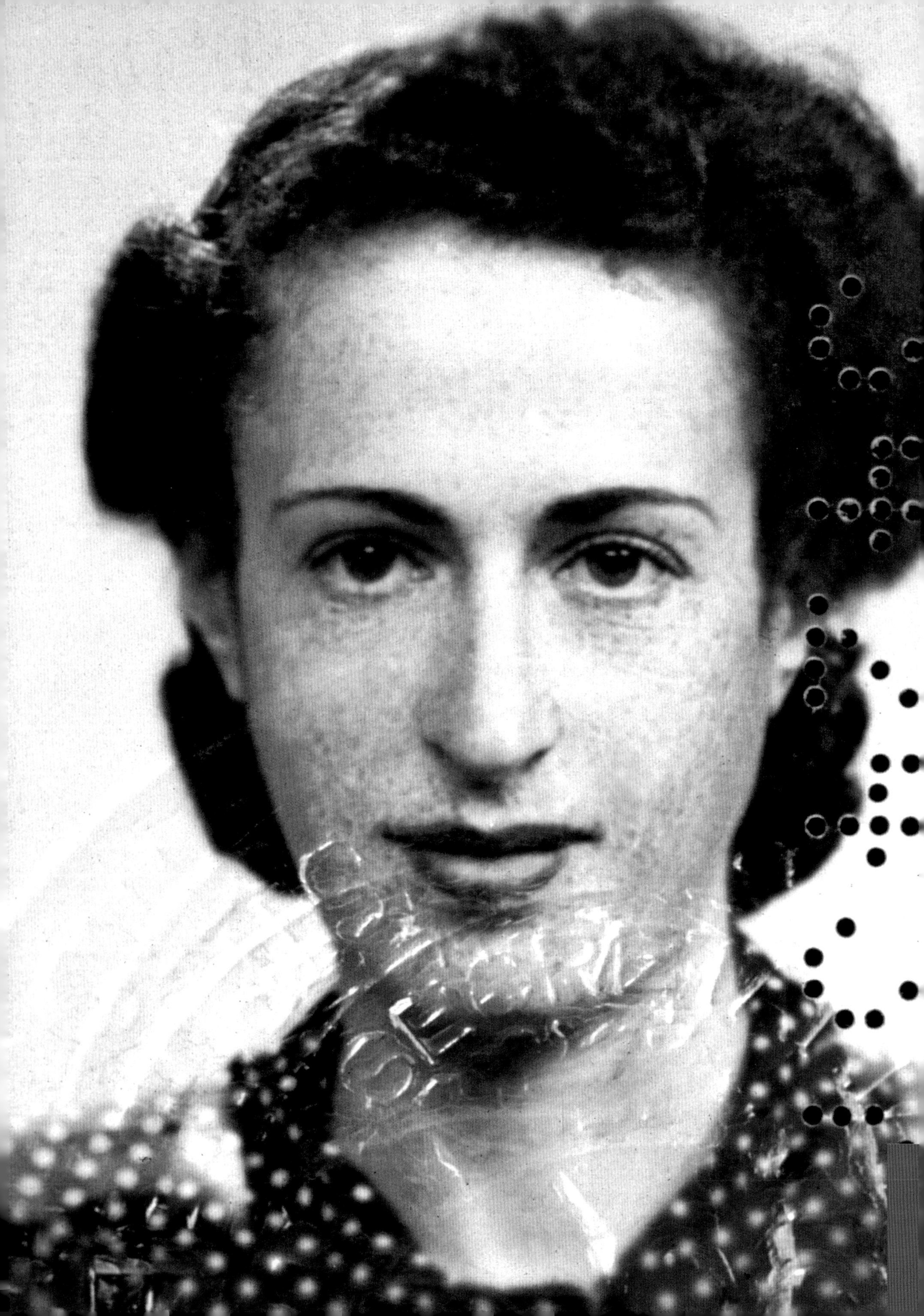

Lisa Fittko

»... *wir ergeben uns nicht!*«

Sommer 1940. Nur raus aus Europa! Wer vor den Nationalsozialisten nach Frankreich geflohen war, musste erneut um sein Leben fürchten. Die französische Regierung inhaftierte die vor Hitler geflüchteten Deutschen, Juden, linke Intellektuelle, Nazigegner und drohte, sie der Gestapo zu übergeben. Wem die Flucht aus der Haft ins unbesetzte Südfrankreich der Vichy-Regierung gelang, riskierte auch dort die Auslieferung. Tausende drängten sich am Hafen von Marseille, um über das Meer zu entkommen. Als sich herausstellte, dass eine Schiffspassage nach Übersee illusorisch war, wurde das Land zur Menschenfalle.
Es blieb nur der Weg über die Pyrenäen. Spanien, obwohl faschistisch regiert, erlaubte vielen Emigranten die Durchreise. Einmal in Portugal, ließ sich die Reise nach England oder Amerika fortsetzen. Lisa Fittko, die selbst auf der Verfolgungsliste der Gestapo stand, fand diesen Weg. Frauen, sagte sie später, kamen leichter durch. Manche Frauen. Einmal aufgegriffen, zeigten sie mehr Geschick, die Grenzpolizei zu überlisten, sich herauszuwinden und zu entkommen. Seit sie 1933 in Berlin Flugblätter gegen die Nazis verteilt hatte, war Lisa Fittko auf der Flucht.

Mit diesem Bild auf dem Visum gelang Lisa Fittko 1941 die Flucht aus dem besetzten Europa. Ihr erster Zufluchtsort: Kuba.

Sie wurde als Elizabeth Ekstein geboren und wuchs in einer jüdischen, gutbürgerlichen Familie in Wien auf. Ihr Vater, Ignaz Ekstein, brachte bis 1922 eine kulturpolitische Zeitschrift heraus, *Die Waage*, der er später den beschwörenden Titel *Wage!* gab – eine Aufforderung, die sich Lisa zeit ihres Lebens zu eigen machte. Nach dem Umzug in die deutsche Hauptstadt engagierte sie sich in kommunistischen Jugendorganisationen. Es war ganz selbstverständlich, dass sie an Demonstrationen teilnahm und sich in Straßenkämpfe einmischte. Als 1933 die ersten jüdischen Geschäfte boykottiert wurden, scherte sie sich

Lisa Fittko, geboren am 23. August 1909 in Uschhorod, Ukraine (damals Österreichisch-Ungarn), gestorben am 12. März 2005 in Chicago, Widerstandskämpferin gegen die NS-Diktatur in Deutschland, während des Zweiten Weltkriegs Fluchthelferin von Frankreich über die Pyrenäen nach Spanien. 1985 erschien ihre Autobiografie über diese Zeit.

nicht um das Verbot. Obwohl sie kein Geld hatte und nichts kaufen wollte, probierte sie unter den Augen der SA und einem Haufen stummer Zuschauer in aller Seelenruhe bei einem jüdischen Händler Schuhe an. Eine Mutprobe, die lebensgefährlich war. Doch schnell lernte sie, dass sich mit Draufgängertum niemand retten ließ. Sie tauchte unter und knüpfte ein Netzwerk illegaler Kontakte. Wo es von nun an etwas zu tun gab, wo Hilfe möglich war, tat sie, was in ihren Kräften stand. Nie ging es ihr nur um die eigene Freiheit.

»Angst dürfen wir nicht haben, Angst lähmt, man muss jetzt unsere Stimmen hören«, sagte in ihren Erinnerungen die junge Lisa tapfer, auch wenn sie genau diese Angst im Nacken spürte, die Angst vor nächtlichen Verhaftungen, dem Terror auf den Straßen Berlins, der allgegenwärtigen Gefahr, »hochzugehen«. Monatelang wohnte sie in einem Versteck hinter einem Süßwarenladen, wo sie die verbotene »Rote Fahne« und Flugblätter tippte – glühende Appelle, die zum Sturz des Regimes aufriefen. Um das verdächtige Klappern der Maschine zu übertönen, legte sie ihre lauteste Platte auf: immer wieder den Triumphmarsch aus *Aida*. Verdi würde sie künftig nicht mehr hören können. Erst als sie denunziert wurde und ihre Verhaftung bevorstand, floh sie im Herbst 1933 nach Prag. Dort lernte sie ihren zukünftigen Ehemann Hans Fittko kennen, einen linken Journalisten, der in Abwesenheit zum

»Wir müssen uns selber retten … und wir müssen versuchen, uns gegenseitig zu retten. Damit wir dabei sein und helfen können.«

Tode verurteilt worden war. Die beiden verfassten Artikel und Aufrufe an das deutsche Volk und schleusten Menschen und Material über die tschechische Grenze ins Deutsche Reich. Nachdem sie von den tschechischen Behörden ausgewiesen worden waren, setzten sie in Basel und dann in Holland ihre gefährliche Schmuggelarbeit fort. 1938 landeten sie schließlich in Frankreich. Wie alle anderen Flüchtlinge wurden sie nach Kriegsbeginn als »feindliche Ausländer« interniert, Lisa in dem berüchtigten Frauenlager Gurs in den Pyrenäen. Tatenlos hinter dem Stacheldraht zu warten? Das kam ihr nicht in den Sinn. Ihr Temperament verlangte nach Aktion und Widerstand. So tat sie sich schon bald mit Gleichgesinnten zusammen. Fluchtpläne wurden geschmiedet. Einige Frauen, die aus Angst, draußen allein dazustehen, zögerten, riss sie kurz entschlossen mit. Sie war eben eine praktisch denkende, zupackende Frau. Mit Hilfe von gefälschten Papieren entkam sie in einer Gruppe mit Martha Feuchtwanger und Hannah Arendt den herannahenden deutschen Truppen – buchstäblich in letzter Minute.

Sie schlug sich bis ins unbesetzte Marseille durch, suchte ihren Mann und schloss sich mit ihm dem frisch gegründeten Emergency Rescue Commitee an, das Nazi-Verfolgten helfen wollte. Weil sie wie die meisten keine gültigen Papiere hatten, blieb nur die Chance, »schwarz« über die französische Grenze zu kommen. Sie war es, die nach Banyuls-sur-Mer reiste, um einen sicheren Weg, der auch für die Nachkommenden gangbar wäre, auszukundschaften. »Wir ergeben uns nicht. Wir haben eine Aufgabe. Und die heißt, aus dieser Falle zu entkommen. Wir müssen uns selber retten ... und wir müssen versuchen, uns gegenseitig zu retten.« Hier, in den von Grenzposten schwer kontrollierbaren Bergen, musste es ein Schlupfloch geben. Und sie wusste, wie man ohne Verdacht zu erregen mit den Leuten scheinbar harmlos ins Gespräch käme. So geriet sie an den Bürgermeister von Banyuls-sur-Mer, der ihr von einem Ziegenpfad berichtete, auf dem schon ein paar Jahre zuvor die besiegten republikanischen Truppen erfolgreich vor Franco geflüchtet waren. Nur ein Blatt Papier war es, mit einer flüchtigen Skizze, das sie in Händen hielt. Mehr nicht. Ob dieser Weg durch ein Niemandsland aber nicht doch zu schwierig wäre? Da stand plötzlich ein Bekannter vor der Tür: Walter Benjamin. Man kannte sich aus Pariser Exiltagen. Er wollte unbedingt nach Spanien, und so führte sie zum ersten Mal eine Gruppe von Menschen – eine junge Frau und deren Sohn

Hans und Lisa Fittko entschieden sich zur Hilfe für andere und verzichteten dabei lange auf ihre eigene Chance, aus Frankreich zu flüchten. Hier auf der Canebière in Marseille, kurz bevor sie 1941 mit dem Schiff entkamen.

hatten sich angeschlossen – über die gefahrvollen Berge. Frühmorgens machte man sich auf den Weg. Keine leichte Übung für den früh gealterten Philosophen, der nach Gefangenschaft und französischem Exil erschöpft und herzkrank war. Er musste sich seine Kräfte gewissenhaft einteilen. Für den beschwerlichen Weg, den Wanderer heute in fünf Stunden bewältigen, brauchte er das Dreifache, was das Risiko, entdeckt zu werden, beträchtlich erhöhte. »Benjamin wanderte langsam und gleichmäßig. In regelmäßigen Abständen – ich glaube, es waren zehn Minuten – machte er Halt und ruhte sich für etwa eine Minute aus«, erinnert sich Lisa Fittko in ihrem Buch *Mein Weg über die Pyrenäen*. Die ganze Aufmerksamkeit des Intellektuellen galt einer schweren, schwarzen Aktentasche, die offensichtlich Manuskripte enthielt. Sie zu retten schien ihm wichtiger als sein Leben.

In Sichtweite der Zollstation musste Lisa Fittko, die selbst kein Visum hatte, umkehren. Erst später erfuhr sie, dass sie Benjamin auf seinem letzten Weg begleitet hatte. Trotz eines gültigen Transitpapiers verwehrten ihm die Zöllner den Zutritt. Aus Furcht davor, abgeschoben zu werden und in die Hände der Gestapo zu fallen, nahm er sich das Leben. Er war der Erste und Einzige, der es über die »F-Route« – F wie Fittko –, wie sie später genannt wurde, nicht schaffte. Denn schon einen Tag später galten an der Grenze wieder die alten Einreisebestimmungen.

»Ich hatte oft den Eindruck, dass viele jüdische Emigranten die Verfolgung als etwas Persönliches aufgefasst haben ... Ich lebte in einer anderen Welt mit meinen Freunden, die aktiven Widerstand leisteten und die wie ich Antisemitismus und Rassismus als eine der Erscheinungen des Faschismus betrachteten.«

Diese Tour vom 25. September 1940 war der Anfang einer sensationellen Serie, in der Lisa Fittko Hunderte von Emigranten ins rettende Portbou führte. »Organisieren« hat sie das lapidar genannt: Fluchtwege, Papiere, Nahrung, Überleben. Getarnt als Weinbergarbeiter verrichtete sie dieses riskante Geschäft zusammen mit ihrem Mann ein halbes Jahr lang. In kleinen Gruppen von drei bis vier Personen schleusten sie Schriftsteller, Nazigegner, Reichstagsabgeordnete, Ärzte und viele andere über den alten Schmugglerpfad nach Spanien. Dreimal die Woche. Auf »Lisas Pfad« gelang Heinrich, Nelly und Golo Mann, dem Ehepaar Werfel und den Feuchtwangers die Flucht über die Pyrenäen und später nach Amerika.

Ende 1941 wurde Lisa und Hans Fittko der Aufenthalt in der Grenzregion untersagt. Im November flohen sie nach Kuba, 1948 übersiedelten sie in die USA. Lisa Fittko fand Arbeit an der University of Chicago als Sekretärin, Übersetzerin und Bibliothekarin, wo sie bis 1974 blieb, und engagierte sich in der amerikanischen Friedensbewegung. Spät begann sie, ihre Erlebnisse in der Emigration aufzuzeichnen. Weil sie ein bemerkenswert »interesting life« geführt habe, wurde sie immer wieder als Zeitzeugin befragt. Darauf, sagte sie gern mit leichter Ironie, einer ihrer tapfersten Eigenschaften, darauf sei es ihr eigentlich nicht angekommen. Stattdessen nannte sie, was sie tat, einfach nur das Selbstverständliche. Das hielt Lisa Fittko jung – sie starb erst mit 95 Jahren.

»Über die Pyrenäen-Geschichte wird gerne berichtet, weil es eine Sensation war«, sagte Lisa Fittko während Filmaufnahmen 2001. »Dabei gab es viele Situationen in unserem Leben, die weit gefährlicher waren, als Flüchtlinge über die Pyrenäen zu bringen.«

Ulrike Meinhof

»… eine Fremde bleibt sie doch«

Zeitweise avancierte sie zum Kultobjekt der deutschen Intelligenz. Vor allem nach ihrem Selbstmord wurden »oblatenhafte Heiligenbildchen«, so der Schriftsteller Peter Rühmkorf, von ihr verbreitet. Sie ist bis heute ein Mythos, auf schicken T-Shirts prangt wie ein Markenzeichen der Schriftzug »Prada-Meinhof«, eine englische Pop-Gruppe benannte sich nach ihr, unzählige Theaterstücke und Romane halten die Idee von der schaurig-schönen Trias »Terror, Tod und Tragik« wach. Und immer wieder die Frage: Wie konnte ausgerechnet sie zur Terroristin werden? Eine Frau, die klug, erfolgreich und prominent war, die zwei kleine Kinder hatte und ihre Meinung jederzeit verbreiten durfte, wie konnte diese Frau zur Waffe greifen und die Bundesrepublik an den Rand des Staatsnotstandes bringen? Ulrike Meinhofs kurzes, ereignisreiches Leben hatte alles von einer Heiligen Johanna der Revolution.

Vaterlos im Nazi-Reich aufgewachsen – der Kunsthistoriker Werner Meinhof war 1940 einem Krebsleiden erlegen – verlor sie auch noch früh die Mutter, die nach dem Krieg als Lehrerin gearbeitet hatte und 1949 ebenfalls an Krebs starb. Von da an kümmerte sich Renate Riemeck, eine enge Freundin und Weggefährtin der Verstorbenen, um die Waise und übernahm die Vormundschaft über Ulrike Meinhof. Die kontaktfreudige und streitlustige Gymnasiastin verfügte über einen scharfen Verstand, sie war beliebt, auch wenn sich eine Lehrerin um ihr allzu weiches Herz sorgte, weil es immer wieder von übergroßem Mitleid bewegt wurde. Ordentlich protestantisch erzogen, betete sie vor dem Essen, hielt aber schon bald nichts mehr von der Hoffnung auf ein

Auf einer Pressekonferenz in Hamburg am 7. Mai 1969.

Ulrike Meinhof, geboren am 7. Oktober 1934 in Oldenburg, gestorben am 9. Mai 1976 in Stuttgart-Stammheim, Journalistin, von 1959–69 Kolumnistin der *konkret*, gründete 1970 mit Andreas Baader, Gudrun Ensslin u.a. die Terrororganisation »Rote Armee Fraktion« (RAF), die in der Öffentlichkeit »Baader-Meinhof-Gruppe« bzw. »Baader-Meinhof-Bande« genannt wurde. Nach zwei Jahren im Untergrund und vier Jahren im Gefängnis erhängte sie sich in ihrer Zelle im Hochsicherheitstrakt von Stuttgart-Stammheim.

»Sie war die erste Person in der Bundesrepublik, nachdem wir aus Polen 1958 nach Westdeutschland gekommen waren, die nach meiner Zeit im Warschauer Ghetto fragte. Am Ende des Interviews, das viel länger dauerte als ursprünglich geplant, hatte Ulrike Meinhof Tränen in den Augen.« Marcel Reich-Ranicki

Zunächst an Berliner Litfaßsäulen, später bundesweit, hingen die Steckbriefe, mit denen ab dem 22. Mai 1969 nach Ulrike Meinhof wegen Mordversuchs gefahndet wurde.

Jenseits. Ungerechtigkeiten, egal welcher Art, erbosten sie. »Wir glauben, dass der Mensch in jeder Situation, unter jedem System, in jedem Staat die Aufgabe hat, Mensch zu sein und seinen Mitmenschen zur Verwirklichung des Menschseins zu helfen«, schrieb die Studentin in einem ihrer ersten Artikel. Ihre Ziehmutter, die in den 1950er-Jahren zu einer prominenten Figur der Anti-Atom-Bewegung wurde, gab ihre Professur für Geschichte in Wuppertal auf, um sich einem Disziplinarvefahren aus politischen Gründen zu entziehen. Auch wenn sie sich tapfer gegen den mächtigen Adenauer-Staat erhoben hatte, war sie zuhause eine Tyrannin. Sie untersagte der Ziehtochter Liebesbeziehungen mit Männern, keiner war gut genug für das »hochbegabte Mädchen«, und schon gar dessen Neigung zu einer gleichaltrigen Schülerin schien ihr vollkommen unpassend, obwohl sie selbst mit Ulrike Meinhofs Mutter ein lesbisches Verhältnis gepflegt hatte. So schlug wohl in der Studentin Meinhof nicht nur das politische Gewissen, als sie 1958 in Münster den universitären Widerstand gegen die Atomaufrüstungspolitik organisierte. Sie wehrte sich auch gegen ihren Vormund – selbst wenn es nicht so aussah, denn von außen betrachtet zogen beide politisch ja an einem Strang. Aber »wir wollen uns nicht noch einmal wegen ›Verbrechen gegen die Menschlichkeit‹ vor Gott und den Menschen schuldig bekennen müssen«, formulierte Ulrike Meinhof, so gegen ihre Ziehmutter revoltierend, die in der NS-Zeit nicht ganz so viel Widerstand geleistet hatte, wie sie es später glauben machen wollte. Einst Mitglied der NSDAP, hatte sie bei Rasseforschern studiert und bei einem SS-Obersturmbannführer als Assistentin gearbeitet.

»Genießt den Kapitalismus, der Sozialismus wird hart.« Klaus Rainer Röhl

Weil die Studentin der Soziologie hingegen alles richtig machen wollte – Lügen und Halbheiten missbilligte sie zutiefst –, trat sie 1958 als erste Frau dem SDS in Münster bei, gleich danach wurde sie Mitglied der in Westdeutschland verbotenen Kommunistischen Partei. Was sie an der Partei faszinierte, war die neue Gemeinschaft. Endlich hatte sie »Komplizen« gefunden, mit denen sie für eine bessere Sache kämpfen konnte. Dort lernte sie den *konkret*-Herausgeber Klaus Rainer Röhl kennen. Es war Abneigung auf den ersten Blick. Sie konnte mit dem losen Lebemann nichts anfangen, während er von ihrer radikalen Humorlosigkeit eher belustigt war. Trotzdem zog Ulrike Meinhof nach Hamburg, um in der Redaktion der linksgerichteten, von der SED in Ostberlin finanziell unterstützt Zeitschrift mitzuarbeiten. Im Oktober 1959 schrieb sie ihre erste Kolumne, der im Verlauf von zehn Jahren noch Hunderte folgen sollten, und sie heiratete den Mann, der sich »K2R« nennen ließ und getreu dem Motto lebte: »Genießt den Kapitalis-

Im Republikanischen Club in Hamburg erläuterte die Journalistin Ulrike Meinhof Kollegen bei einer Pressekonferenz am 7. Mai 1969 die Motive junger Linksradikaler, die die Villa ihres Ex-Ehemanns und konkret*-Herausgebers Klaus-Rainer Röhl verwüstet hatten, nachdem die Besetzung der Redaktionsräume gescheitert war.*

mus, der Sozialismus wird hart.« Ihr journalistisches Markenzeichen war die Mischung aus Leitartikel, Kommentar und politisch-literarischem Essay, die ihr binnen kurzem große Popularität verschaffte, und Röhl machte sie zur gefeierten Chefredakteurin. Ob sie die atomare Aufrüstung anprangerte, die Napalm-Einsätze der Amerikaner in Vietnam oder die Notstandsgesetze – sie war getrieben von der Sorge, ihre Generation könne ebenso wie die ihrer Eltern versagen, wenn sie nicht laut genug aufbegehrte gegen Unrecht und Machtanmaßung.

Für ein paar Jahre bildete sie mit Röhl eine Art Traumpaar, die Protestantin und der Bonvivant, sowohl für die politische Linke als auch für die hanseatische Gesellschaft. Trotz radikaler Attitüde fühlte Ulrike Meinhof sich rundum zugehörig, mit einer Villa in Hamburg-Blankenese und obligaten Sylt-Urlauben – bis sie mit den ständig wechselnden Affären ihres Mannes nicht mehr zurechtkam. Zudem wuchsen ihre Zweifel am Nutzen der Arbeit in einem Blatt, das sich zunehmend in eine Sex-Postille verwandelte. Als die Besetzung der Redaktionsräume, mit der sie das Ruder herumreißen wollte, gescheitert war, kündigte sie ihre Mitarbeit auf und zog mit den beiden gemeinsamen Kindern nach Berlin. Keine Privilegien mehr, kein leicht verdientes Geld, nicht mehr die Karriere im Blick und frei vom Zwang, den falschen Leuten die richtigen Sachen erklären zu müssen: Ulrike Meinhof machte Schluss mit dem Widerspruch zwischen dem, was sie unter politischem Kampf verstand, und ihrem tändelnden Leben. Von nun an galten nur noch Taten; vor allem die Tat, die mit einem Schlag alles verändern konnte.

Am 14. Mai 1970 befreite sie zusammen mit Gudrun Ensslin und zwei weiteren Genossen den Untersuchungshäftling Andreas Baader aus der Bibliothek eines Universitätsinstituts, wo dieser sich während eines

»Wir glauben, dass der Mensch in jeder Situation, unter jedem System, in jedem Staat die Aufgabe hat, Mensch zu sein und seinen Mitmenschen zur Verwirklichung des Menschseins zu helfen.«

bewachten Freigangs aufhielt. Als Schüsse fielen und ein Bibliotheksangestellter schwer verletzt zusammenbrach, sprang sie hinter Baader aus dem Fenster, obwohl, so war es geplant, sie bleiben und so tun sollte, als sei auch sie – die Journalistin, die dieses Treffen arrangiert hatte – von der Flucht überrascht worden. Doch stattdessen lief sie mit ihm durch die Gärten auf die Straße, direkt in ein Leben im Untergrund. Mit Sicherheit war ihr nicht klar, was das bedeutete: dass von nun an kein Schritt mehr ohne Waffe möglich war – das hieß, dass Waffen auch gegen sie gerichtet wurden –, und vor allem, dass der Gegner ungleich stärker war. Zunächst noch vollkommen naiv, geriet sie in eine Spirale der Gewalt, aus der es keinen Ausweg gab als lebenslanges Gefängnis oder Tod. Da half nur die Flucht nach vorn, die Selbstanmaßung, der »Krieg der 6 gegen 60 Millionen«, wie Heinrich Böll den Angriff der RAF auf den westdeutschen Staat nannte.

»Natürlich kann geschossen werden«, gab die abgetauchte Ulrike Meinhof kurz nach der Baader-Befreiung einer französischen Journalistin zu Protokoll. Zu diesem Zeitpunkt hingen in West-Berlin schon an sämtlichen Litfaßsäulen Fahndungsplakate mit der Schlagzeile: »Mordversuch in Berlin/10 000 DM Belohnung!« Darauf stand ausschließlich Ulrike Meinhofs Name, nicht der des Schützen oder des geflohenen Baader. Ulrike Meinhof hatte nicht einmal mit der Gaspistole geschossen, das wusste auch die Polizei. Nach keinem NS-Mörder, nach keinem Kriegsverbrecher war jemals vergleichbar intensiv gesucht worden. Es war die größte Fahndung seit 1945, Ulrike Meinhof die meistgesuchte Frau in der Bundesrepublik.

»Das progressive Moment einer Warenhausbrandstiftung liegt nicht in der Vernichtung der Waren, es liegt in der Kriminalität der Tat, im Gesetzesbruch.«

Was tun? Wegen der guten Kontakte, die die einstige *konkret*-Journalistin zu den Ostberliner Kommunisten geknüpft hatte, hieß man sie in der DDR willkommen, nicht aber Baader und die anderen. Nach dem Prinzip »Einer für alle« lehnte sie ab. So flog sie mit 20 Genossen nach Jordanien, um sich zwei Monate lang in einem Lager der Al Fatah für den Guerillakampf ausbilden zu lassen. Auf diese Weise bereitete sich die »Rote Armee Fraktion«, wie sie sich jetzt nannten, auf ein Leben im Untergrund vor. Die Gluthitze, der Staub und das harte körperliche Training machten ihnen zu schaffen. Sie lernten mit verschiedenen Waffen und mit Sprengstoff umzugehen. Ulrike Meinhof ärgerte sich, dass sie sich anfangs so ungeschickt anstellte. Einmal machte sie eine Handgranate scharf und rief, anstatt sie weit von sich zu werfen: »Was mach' ich jetzt damit?« – »Schmeiß sie weg!«, schrien die anderen und brachten sich in Sicherheit.

Schmerzliche Sorgen bereitete ihr das Schicksal ihrer Töchter. Wer sollte sich um sie kümmern, wie würde es ihr gelingen, ihnen nahe zu sein, ohne erpressbar zu werden? Nachdem ein Gericht ihrem geschiedenen Mann das Sorgerecht zugesprochen hatte, ließ sie die beiden achtjährigen Mädchen zu Hippies in ein Barackencamp auf Sizilien entführen. Bevor sie nach Meinhofs Wunsch in ein jordanisches Waisenlager der PLO gebracht wurden, gelang es dem Journalisten Stefan Aust, sie zu »kidnappen« und ihrem Vater zu übergeben. Zeitlebens würde die Entfremdung von ihren Kindern eine Wunde bedeuten, die sich nie schloss, ein Verlust, über den sie nie hinwegkam. Zurück in Westdeutschland, wo weder Stützpunkte noch konspirative Zirkel existierten, hieß es erstmal Geld zu beschaffen. So überfiel die PLO-trainierte Bande am 29. September innerhalb von zehn Minuten drei Banken in West-Berlin.

Ulrike Meinhof (re.) und Gudrun Ensslin nach einer Prozessunterbrechung im Juni 1975 in Stuttgart-Stammheim auf dem Weg zurück in ihre Zellen.

Ulrike Meinhof ließ sich von einem Bankangestellten in der Altonaer Straße 8000 Mark aushändigen und übersah in der Aufregung weitere 100 000 Mark. Später verschickte sie ein Paket mit Blankoausweisen, die sie in einem Rathaus gestohlen hatte, aber beim Schreiben der Adresse unterlief ihr ein Fehler, so dass die Aktion in einer anderen Stadt wiederholt werden musste. Unübersehbar die Nervosität, die sie nicht mehr losließ, die Angst aufzufliegen wurde ihr ständiger Begleiter. Eine kleine, zarte Person, mit blonder Perücke oder Kopftuch und Sonnenbrille hastete sie durch Stuttgart oder München. Sie besuchte alte Freunde und politische Genossen in Bremen, Köln, Hannover, Frankfurt, ständig getrieben von denselben Fragen: Wer ist Sympathisant? Wo gibt es sichere Quartiere, wer hat Geld oder unterstützt uns auf andere Weise? Wo sind die Leute, die sich in unseren Kampf einreihen? Sie lernte, Autos zu knacken und kurzzuschließen, wobei sie sich wie immer anfänglich ungeschickt anstellte. Aber bald konnte sie schneller ein BMW-Schloss wechseln, als der Genosse, der es ihr beigebracht hatte, für den Austausch eines KFZ-Schildes brauchte.

Sie benötigten Waffen und mehr Geld. Denn das Leben in der Illegalität war teuer. Also mussten neue Banken ausgekundschaftet werden. Dabei geriet sie in eine Polizeikontrolle. Während der Beamte noch ihren gefälschten Führerschein in der Hand hielt, gab sie Gas und entkam. Auch beim Versuch, in Nürnberg einen Mercedes zu stehlen, wurde sie um ein Haar geschnappt.

Dazwischen schrieb sie auf ihrer kleinen Reiseschreibmaschine die ideologischen Grundlagen in *Stadtguerilla und Klassenkampf* nieder. Sie war die Theoretikerin der Gruppe, und schreiben hatte sie gelernt. Bloß, als hätte ihr das Leben unter Tage den Sauerstoff entzogen, die Brillanz der einstmals unbestechlichen Aufklärerin war dahin, untergegangen im Kugelhagel einer angemaßten Moral. Worte waren ihr zu Waffen geworden, zu dröhnenden, alles Lebendige niedermähenden, zu tödlichen Waffen. Was in letzter selbstgerechter Konsequenz für sie hieß, dass man auf Polizisten schießen und Bomben gegen US-Soldaten legen dürfe. Das machte auch die Sprache, das Mittel, mit dem allein sie sich im Leben behauptete, zunichte. Als Ulrike Meinhof im Juni 1972 verhaftet wurde, wog sie nur noch 45 Kilogramm, sie war bis auf die Knochen abgemagert und psychisch wie physisch am Ende.

In dieser Zelle verbrachte Ulrike Meinhof die letzten zwei Jahre ihres Lebens. Sie war eine tragische Gestalt in der wahnwitzigen Truppe RAF, die das ungeliebte Mitglied in den Selbstmord trieb.

Anna Politkowskaja

»Wenn ich getötet werde, sucht den Mörder im Kreml«

Immer im Einsatz: Während sie in New York als Journalistin ausgezeichnet wurde, besetzten Rebellen in Moskau ein Musical-Theater. Anna Politkowskaja reiste sofort in ihre Heimat zurück.

Es war der 7. Oktober 2006, der 54. Geburtstag des russischen Präsidenten Wladimir Putin. Gegen 16 Uhr dieses Tages kam am anderen Ende Moskaus die Journalistin Anna Politkowskaja von Einkäufen in ihre Wohnung zurück. Sie war eine der schärfsten Kritikerinnen des Kremlchefs und im ganzen Land dafür bekannt, dass sie gegen alle Verbote sagte, was sie dachte. Anna Politkowskaja öffnete die Fahrstuhltür, um auf den Gang zu treten, da feuerte der Täter aus einer Entfernung von zwei Metern fünf Schüsse ab. Der erste verfehlte sein Ziel, ein zweiter verletzte das Opfer an der Schulter, zwei weitere gingen in die Brust, der letzte traf in die Schläfe. Die Waffe legte der Mörder neben der Toten ab. Es war eine Pistole der Marke Makarov. Obwohl eine Überwachungskamera im Eingangsbereich des Treppenhauses das Geschehen aufgezeichnet hatte, wurde der Täter nicht gefasst, was nicht zuletzt den Verdacht nährte, man habe ihn und seine Hintermänner gar nicht fassen wollen. Denn auffällig blieb das Datum, an dem der Mord passierte.

Anna Politkowskajas Leben begann in den USA. Ihre Eltern stammten aus der Ukraine und arbeiteten als sowjetische Diplomaten bei der UNO in New York. Dort verbrachte Anna ihre ersten Jahre, bis sie mit den Eltern nach Moskau zurückkehrte. Mit 19 wusste sie, dass sie Journalistin werden wollte. Gemeinsam mit ihrem Ehemann Alexander Politkowski, der sich später als Moderator beim Fernsehen einen Namen machte, studierte sie Publizistik an der Moskauer Lomonossow-

Anna Stepanowna Politkowskaja, geboren als Anna Masepa am 30. August 1958 in New York, gestorben am 7. Oktober 2006 in Moskau, Journalistin, berichtete über Verbrechen der russischen Armee während des Tschetschenien-Kriegs und gehörte zu den wenigen, die gegen die extrem eingeschränkte Pressefreiheit in Russland anschrieben. Sie wurde im westlichen Ausland für ihre Berichterstattung vielfach ausgezeichnet. Der Mord an Politkowskaja wurde bisher nicht aufgeklärt.

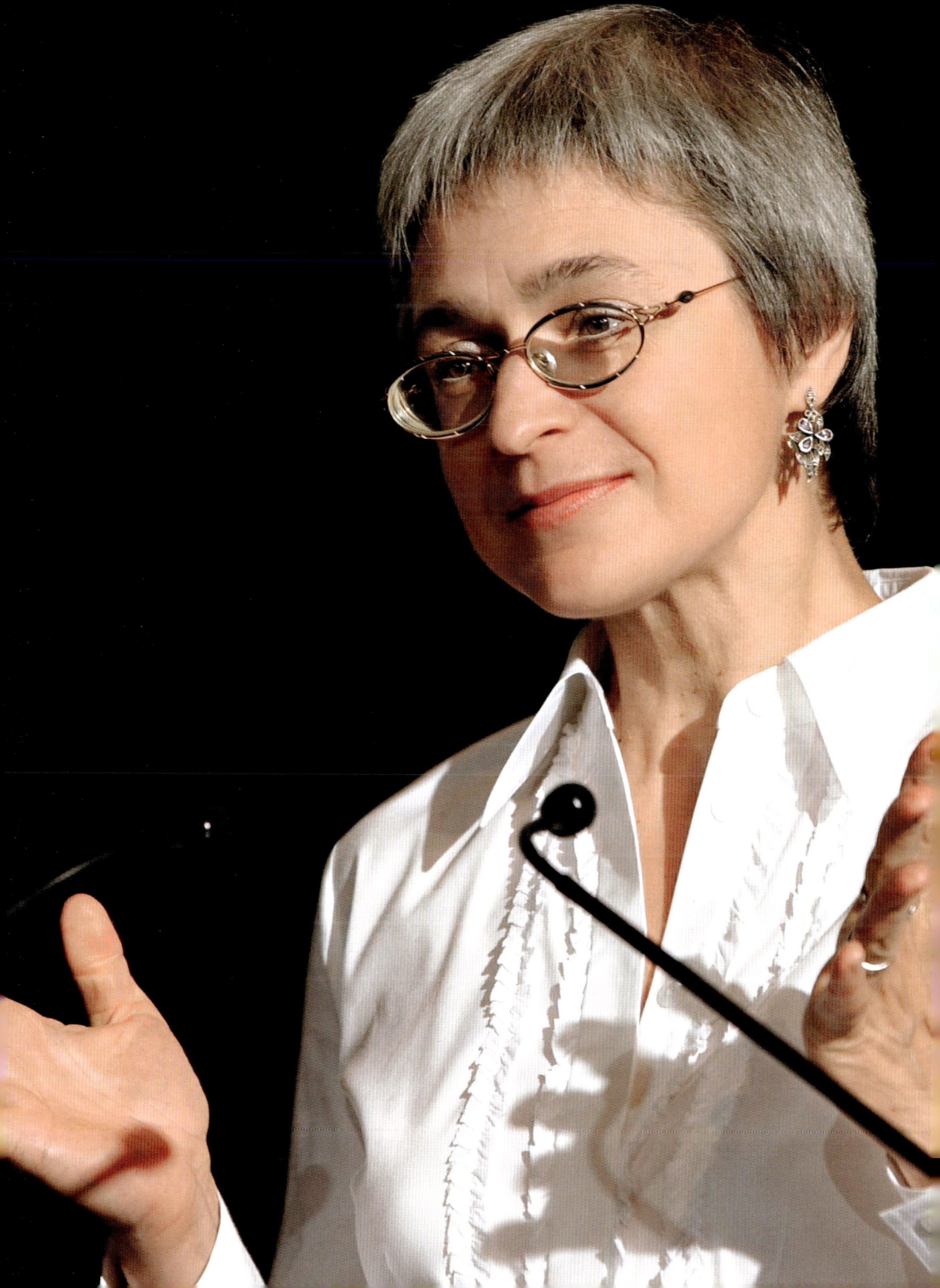

»Wenn ich nicht mehr schreibe, haben meine Feinde ihr Ziel erreicht.«

Von nationalistischen Kreisen zuhause als »Nestbeschmutzerin« beschimpft, feierte man sie im Westen dafür, dass sie sich als eine der ganz wenigen unbeugsam gegen die verstaatlichten und gleichgeschalteten Medien in Russland behauptete. Hier bei der Verleihung des Leipziger Medienpreises 2005.

Universität. Nach der Geburt ihrer beiden Kinder arbeitete sie zunächst für die Tageszeitung *Iswestija*, dann wechselte sie 1999 zur regierungskritischen Zeitung *Nowaja Gaseta*, als Reporterin. Redaktionszimmer lagen ihr nicht: Sie müsse hinein ins Leben, sagte sie damals, dorthin, wo es sich abspiele, wo das menschliche Elend mit Händen zu greifen und »an der Wurzel zu packen« sei. Im Herbst schickte sie die Redaktion nach Tschetschenien.

Nach der Auflösung der Sowjetunion hatte sich das Land im Kaukasus zu einem unabhängigen Staat erklärt, was Russland aber nicht anerkannte. Der Grund dafür war Erdöl, womit Tschetschenien reich gesegnet ist. So war es schon 1994 zum ersten Krieg gekommen, der drei Jahre später zwar mit einem Friedensvertrag beendet wurde, dann jedoch erneut aufflammte, als Putin die russische Armee zu einer sogenannten Anti-Terror-Operation einmarschieren ließ. Genau hier nahm Anna Politkowskajas Leben als Journalistin die entscheidende Wende. Entsetzt über die Brutalität der Soldaten, fuhr sie in die belagerte Region, von nun an beinahe jeden Monat, sechs Jahre lang. Sie knüpfte Kontakte zu tschetschenischen Untergrundkämpfern, berichtete über die Schandtaten der russischen Armee und des Geheimdienstes, über Folter, Korruption und das Lösegeld, das mit Entführungen verdient wurde. Sie schrieb über misshandelte tschetschenische Häftlinge und über die jungen, russischen Soldaten, die in der Armee von Offizieren zu Tode gequält wurden, über verschwundene Kriegsgefangene, über Opfer von Polizeigewalt und Willkür, über vergewaltigte Frauen.

Anna Politkowskaja arbeitete nach einem einfachen Vorsatz: »Ich beschreibe, was ich gesehen habe.« Sie spekulierte nicht, sie hatte Fakten. Ihre Kenntnisse bezog sie aus erster Hand. So wagte sie sich in die Höhle des Grauens vor, die russische Kommandozentrale in Machkety – ein »Konzentrationslager mit kommerziellem Einschlag« –, um die Offiziere mit dem zu konfrontieren, was sie herausgefunden hatte: über diejenigen, die gerade gegen Lösegeld halbtot aus den eisigen Erdlöchern der russischen Lager gekrochen waren. Sie fragte, warum der tschetschenische Präsident Maschadow getötet wurde, als er den Friedensprozess einleitete, und wer die Bomben legte, für die man offiziell die Terroristen verantwortlich machte. Daraufhin wurde sie selbst vier Tage lang in einem Bunker gefangen gehalten, stundenlang verhört und als »Schlampe und Hure« beschimpft, man drohte ihr Vergewaltigung an, die Misshandlung ihrer Kinder und setzte sie dem Horror einer Scheinexekution aus. Der vernehmende Offizier schickte sie schließlich mit den Worten weg: »Wäre es nach mir gegangen, hätte ich dich erschossen.«

»Für die Menschen gehe ich überall hin, ich habe keine Angst um mein Leben.«

Einschüchtern ließ sie sich durch solche Erlebnisse nicht. Im Gegenteil. Sie nannte die Täter beim Namen. Dafür hasste man sie, und darüber wurde unter ihren Feinden auch ganz offen gesprochen. Mehrmals bot man ihr Geld an, damit sie wohlwollend über Putin und seine Kriegsführung berichtete. Aber sie zeigte sich unbestechlich, Geld interessierte sie nicht, und sie machte weiter.

Ihr ganzes Schreiben richtete sie darauf aus, denen eine Stimme zu geben, die keine mehr hatten, den Angehörigen der in Tschetschenien Verschleppten und Ermordeten, den russischen Soldatenmüttern. Sie mischte sich ein, wo sie nur konnte, die Rolle der bloßen Berichterstatterin war ihr längst zu eng geworden. Denn Anna Politkowskaja hatte eine Mission. »Sie war davon überzeugt, dass jemand den einfachen Menschen zu ihren Rechten verhelfen müsse«, sagte ihre Tochter in einem Interview. »Immer, wenn ich sie gefragt habe, ›warum machst du das?‹, hat sie mir nur geantwortet: ›Weil das meine Arbeit ist, jemand muss es ja tun‹.« Die engagierte Journalistin saß in bombardierten

Dörfern inmitten weinender Frauen, die sie anflehten, sie herauszubringen, sie organisierte die Evakuierung eines Altersheims und half mittellosen Flüchtlingen, in die Nachbarrepublik zu gelangen. Russische Frauen, deren Söhne in Tschetschenien umgekommen waren, begleitete sie vor Gericht, damit die Todesumstände geklärt wurden. Sie besorgte Anwälte und ging den Behörden beharrlich auf die Nerven. Macht imponierte ihr nicht. War sie mit der Meinung ihres Gegenübers nicht einverstanden, egal ob es sich um einen Richter, einen General oder um den tschetschenischen Ministerpräsidenten handelte, widersprach sie.

»Ich bin gerannt, weil ich leben wollte.«

Wo sie war, kam Hoffnung auf. So auch im Oktober 2002, als tschetschenische Terroristen mit Waffengewalt ein Moskauer Musical-Theater besetzten und Hunderte Besucher als Geiseln nahmen. Während andere Kulturleute, die man als Vermittler vorgeschlagen hatte, sich vor der gefährlichen Aufgabe drückten, ging sie mutig in den Saal. »Ich bin's, die Politkowskaja«, rief sie den Geiselnehmern zu. Das blutige Ende des Dramas konnte sie nicht verhindern, doch sie schrieb und klagte an, auch dann noch, als viele die Hoffnung längst aufgegeben hatten, die sinistere Rolle der Staatsmacht beim Sturm auf das Theater zu klären.

Ihr Leben im Dauereinsatz kostete sie Kraft, viel Kraft. Sie rauchte nicht und trank keinen Alkohol, jeden Morgen stand sie um sieben Uhr auf. Seit sie sich nach 21 Jahren von ihrem Mann getrennt hatte, weil er mit ihrer Kompromisslosigkeit nicht mehr zurechtkam, war für Anna Politkowskaja das Kapitel Liebesbeziehung beendet: »Jeder Mann will mir doch nur vorschreiben, wie ich zu leben habe. Das entscheide ich lieber allein.«

Es war nicht so, dass Anna Politkowskaja nicht mit dem Tod gerechnet hätte. Natürlich habe sie »fürchterliche Angst« um ihr Leben, sagte sie, Angst, die sie wie ein Schatten begleitete. Denn sie machte sich keine Illusionen darüber, wie gefährlich das neue Russland Wladimir Putins war – es wurde der alten Sowjetunion immer ähnlicher. Oft genug ist sie vor denen, die hinter ihr her waren, geflohen. 2002 jagte sie der russische Geheimdienst FSB in Tschetschenien. Man wollte sie verhaften, sie entwischte, lief nachts zu Fuß durch zerbombte Straßen, die Verfolger dicht auf den Fersen, und hoffte auf ein Wunder. »Ich bin gerannt, weil ich leben wollte«, erklärte sie knapp. 2004 wäre sie beinahe durch einen Giftanschlag ums Leben gekommen. Obwohl sie aus Vorsicht nur noch selbst Zubereitetes zu sich nahm, trank sie auf dem Weg nach Beslan, wo sie in der von tschetschenischen Terroristen besetzten Grundschule vermitteln wollte, den im Flugzeug servierten

Tee. Sie brach zusammen, verlor das Bewusstsein. Danach litt sie unter Beschwerden an der Bauchspeicheldrüse, ihre Gesundheit war so angegriffen, dass sie nur noch unter großen Mühen nach Tschetschenien reisen konnte. Wenige Monate vor ihrem Tod versuchten Unbekannte, sie auf offener Straße in Moskau aus dem Auto zu zerren, Morddrohungen waren an der Tagesordnung. Eine Zeitlang ließ sie sich von Leibwächtern beschützen. Zuletzt hat sie darauf verzichtet.

Da sie seit ihrer Geburt auch die amerikanische Staatsbürgerschaft besaß, hätte sie ausreisen können. Aber Russland verlassen, das lehnte sie ab. Ein einziges Mal kapitulierte sie und ging im Herbst 2001 nach Wien. Dort arbeitete sie an ihrem ersten Buch, das 2003 unter dem Titel *Tschetschenien. Die Wahrheit über den Krieg* auf Deutsch erschien – in ihrem Heimatland fand sich kein Verleger, der den Mut gehabt hätte, dem Diktat der Regierung die Stirn zu bieten. Nur drei Monate hielt es sie in Wien. Dann ging sie nach Moskau zurück, sah sie doch, dass niemand dort ihren Platz besetzte. Die meisten ihrer Kollegen hatten sich an die Kette legen lassen und schrieben propagandistische Artikel – oder sie wurden umgebracht. Nach ihrer Rückkehr drängten sie ihre Kinder und Freunde, endlich mit diesem lebensgefährlichen Job aufzuhören. »Wenn ich nicht mehr schreibe, haben meine Feinde ihr Ziel erreicht«, antwortete sie – und arbeitete weiter.

Sie war mutig, aber nicht todesmutig, sie liebte das Leben. Vier Tage nach ihrer Ermordung wurde Anna Politkowskaja auf dem Moskauer Trojekurowskoje-Friedhof zu Grabe getragen. Neben Hunderten von Kollegen und Freunden strömten unzählige ihrer Leser und Anhänger zu den Trauerfeierlichkeiten.

Ayaan Hirsi Ali

Der Preis für ein eigenes Leben

Sie kämpft für die Rechte muslimischer Frauen, damit sie nicht mehr nur »Söhnefabriken« sind, für die westlichen Werte und für die Freiheit. Das hat seinen Preis: Freunde wandten sich ab, ihre Familie verstieß sie, zuletzt verlor sie ihre Wahlheimat Holland.

Eigentlich hatte der Anschlag ihr gegolten, eigentlich hätte sie sterben sollen. Ein Drohbrief, adressiert an Ayaan Hirsi Ali, fand sich auf einem blutigen Stück Papier geschrieben, das der Mörder, ein muslimischer Fanatiker, bei dem toten Regisseur Theo van Gogh zurückgelassen hatte. Es war mit einem Messer an die Brust des bestialisch zugerichteten Leichnams geheftet. »Ayaan Hirsi Ali« stand darauf, »Soldatin des Bösen«. Sie, die mit van Gogh einen provokativen Film darüber gedreht hatte, wie der Islam Frauen zerbricht, wusste schon vor dem 2. November 2004, in welcher Lebensgefahr sie schwebte. Denn seit sie begonnen hatte, öffentlich die muslimische Welt anzugreifen, erhielt sie die ersten Todesdrohungen. Das war nach dem islamistischen Terroranschlag auf das World Trade Center in New York, den Bin Laden mit dem Koran gerechtfertigt hatte. Ausgerechnet der Drahtzieher des Fundamentalismus war es, der der praktizierenden Muslimin die Augen über ihre Religion öffnete. Sie las nach und stellte fest, dass es stimmte, der Mord an unschuldigen Menschen war, wenn deren Gott nicht Allah hieß, erlaubt. Da brach sie endgültig mit ihrem Glauben. Eine Dissidentin aber war sie schon vorher, als sie die Fesseln abwarf, die ihre Herkunft für sie vorgesehen hatte. Seit sie sich entschlossen hatte, sich nicht und niemals mit dem, was sie hatte und kannte, zufriedenzugeben, erlebte sie, dass nur das Überschreiten von Grenzen in die Freiheit führt.

In Somalias Hauptstadt Mogadischu, in der Ayaan Hirsi Magan geboren wurde, erfuhr sie bald am eigenen Leibe, dass Frauen in der muslimischen Glaubenswelt wenig gelten. Mit fünf Jahren musste sie die Beschneidung erdulden, ein qualvolles Ritual, auf dem ihre Großmutter

Ayaan Hirsi Ali, geboren als Ayaan Hirsi Magan am 13. November 1969 in Mogadischu, Somalia, ehemalige niederländische Politikerin, Islamkritikerin. Seit 2002 erhielt sie Morddrohungen aus islamistischen Kreisen, wurde in Holland unter permanenten Polizeischutz gestellt und wohnte seitdem an einem unbekannten Ort. Sie lebt heute als Mitarbeiterin der neokonservativen Denkfabrik »American Enterprise Institute« in Washington.

bestanden hatte. Ihr Vater, ein Gegner des sozialistischen Präsidenten Siad Barre, saß im Gefängnis. 1976 floh er aus Somalia. Seine Familie folgte ihm nach Saudi-Arabien, Äthiopien und Kenia. Streng muslimisch erzogen, begann sie früh aufzubegehren: dagegen, dass es ihr einziges Lebensziel sein sollte, Söhne zu gebären, dass sie jeden Abend für den Tod aller Juden beten musste. Ihr Vater förderte die Bildung seiner Tochter, von Widerrede in der Familie hielt er allerdings nicht viel. Nach ihrem Abitur bestand er darauf, dass sie ihren in Kanada lebenden Cousin heiratete, den sie vor der Eheschließung in Nairobi nie gesehen hatte. Die Reise zu ihrem Ehemann, der schon vor ihr aufgebrochen war, nutzte sie zur Flucht. Auf einer Zwischenlandung in Deutschland, wo sie auf ihr Visum warten sollte, setzte sie sich allein nach Amsterdam ab. Der Bruch mit ihrer Familie und ihren Freunden war die unausweichliche Folge. »Bei dem Gedanken … was mein Vater und der Clan unternehmen würden, wenn sie merkten, dass ich geflohen war, schlug mir das Herz bis zum Hals.«

»Ich klage an – Plädoyer für die Befreiung der muslimischen Frauen.«

Um nicht aufgespürt zu werden, beantragte sie Asyl unter dem Namen ihres Großvaters. Als Ayaan Hirsi Ali durfte sie bleiben. Es dauerte allerdings nur ein halbes Jahr, bis der Familienclan sie gefunden hatte. Ihr Ehemann stand mit drei Begleitern vor ihrem Wohnwagen in der Asylantensiedlung. Tapfer erklärte sie, sie werde nicht mitkommen. Daraufhin reisten acht ältere Vertreter der beiden Clans an und hielten mit dem Ehepaar eine Ratsversammlung ab. Am Ende einigte man sich auf die Scheidung. Ayaan Hirsi Ali, die damals schon fünf Sprachen beherrschte, lernte Holländisch, schlug sich mit Jobs durch, von der Putzfrau bis zur Postsortiererin, arbeitete als Übersetzerin in Frauenhäusern, wo sie vor allem auf geschundene, gequälte Musliminnen traf, und studierte politische Wissenschaften in Leiden. In dieser Zeit kehrte sie ihrer Religion den Rücken. Politisch fühlte sie sich der Linken verbunden und arbeitete bei der Parteistiftung der Sozialdemokraten. Was an Benimmregeln für Immigrantinnen vorgesehen ist, das galt für sie schon lange nicht mehr. Ihre provokanten öffentlichen Auftritte machten die Afrikanerin in Holland weithin bekannt. Sie verkündete, eine Ex-Muslima zu sein, eine vom Glauben Abgefallene, bezeichnete den Islam als »rückständige Religion« und prangerte die Unterdrückung der Frauen im Zeichen Allahs an. Nichts anderes als ein unheiliges Instrument sei der heilige Koran, der es Männern erlaube, Frauen zu schlagen. »Es ist doch selbstverständlich, dass sich der Islam an den Menschenrechten zu messen hat«, erklärte die diplomierte Politologin, »und nicht umgekehrt.« Kritiker warfen ihr

Eine muss die Bresche schlagen, sagte sie sich und beschloss, als sie sich 2003 ins holländische Parlament wählen ließ, eine »monothematische Politikerin zu werden«. Sie war entschlossen, die Reformkräfte im Islam zu stärken und dem Westen die Illusionen auszureden.

vor, sie inszeniere sich selbst und polarisiere unnötig. Das kümmerte sie nicht weiter, sie setzte noch einen drauf. In der Zeitung *Trouw* bezeichnete sie Mohammed als pervers, denn Aisha soll neun Jahre alt gewesen sein, als der Prophet die Ehe mit ihr vollzog.

Als die ersten Morddrohungen aus der Ecke der Islamisten kamen, tauchte sie unter und ging mit Unterstützung ihrer Partei in die USA. Von dort aus »funkte« sie auch der liberalen holländischen Öffentlichkeit ins Gewissen. Vermeintlich aufgeklärt denkende Zeitgenossen, so ihr Plädoyer, sollten endlich ihre postkolonialen Schuldgefühle ablegen. »Es hilft nicht weiter, wenn ihr sagt, eure Vorfahren hätten unsere Vorfahren unterdrückt. Wenn ihr euch schuldig fühlen wollt, fühlt euch schuldig, weil ihr uns nicht mit John Stuart Mill bekannt gemacht und uns nur dem Koran überlassen habt.« Jetzt hörte man im Lager der Linken nur noch ungern die Stimme der »schwarzen Jeanne d'Arc«, hatte sie doch mit ihrem politisch inkorrekten »Thesen-Anschlag« zum Islam den Glauben an eine multikulturelle Idylle in den Niederlanden zerstört. Sicher war ihr die Wut all jener, die diesen Traum nicht aufgeben wollten. »Ich kritisiere diesen Irrglauben«, erklärte sie, »dass sie uns verschonen werden, wenn wir die radikalen

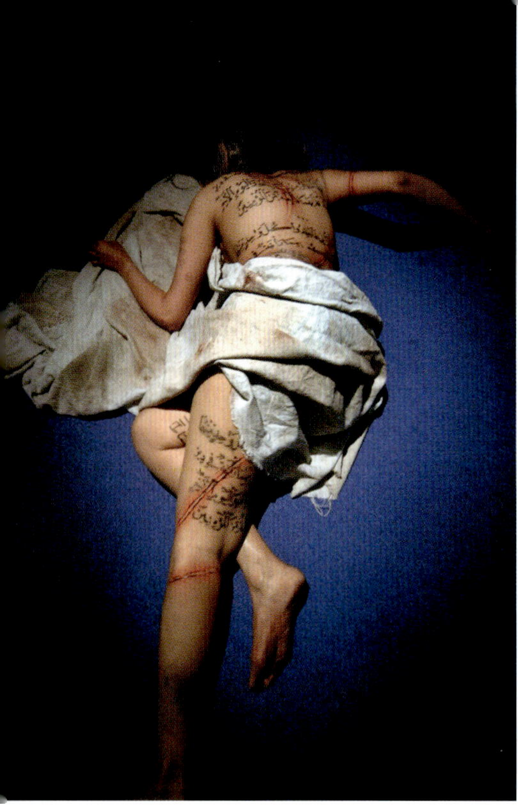

»Ich trauere um Theo. Dass er sterben musste, um die Aufmerksamkeit auf einige Leute zu lenken, denen der Glaube mehr bedeutet als ein Menschenleben.«

Muslime nur gewähren lassen – das ist eine westeuropäische Nachkriegskrankheit. Eine chronische dazu, denn genau das hat zu den früheren Kriegen geführt.«

Auch unter den regierenden Sozialdemokraten hatte die Schlagzeilenfrau, die keinen Hehl daraus machte, für wie verfehlt sie deren Integrationspolitik hielt, mehr Feinde als Freunde. Erbost forderten einige Genossen wegen parteischädigenden Verhaltens ihren Ausschluss. Doch sie kam ihnen zuvor, indem sie, zurück aus den USA und nun immer in Begleitung eines Leibwächters, sich 2003 als Kandidatin für die liberale »Partei für Freiheit und Demokratie« aufstellen und ins Parlament wählen ließ. Damals schon war sie ein politisches Talent, wie es sogar in Holland selten anzutreffen ist: eloquent, vielsprachig, unbeugsam und wendig zugleich. Wer wie sie jede Menge durchgemacht hat, besitzt obendrein jede Menge Chuzpe. In einem Lokal unweit des Parlaments in Den Haag kam eines Tages ein junger Mann an ihren Tisch und sagte: »Ich hoffe, die Mudschaheddin finden Sie und bringen Sie um!« Ayaan Hirsi Ali reichte ihm ihr Buttermesser. »Warum tun Sie es nicht selbst?«, fragte sie. Der Mann suchte das Weite.

Zusammen mit dem holländischen Regisseur Theo van Gogh drehte Hirsi Ali 2004 den Kurzfilm Submission, *der die »Unterwerfung« der muslimischen Frau unter ihren Ehemann anprangert. Zu sehen sind die durchsichtig verschleierten Körper von vier Schicksalsgenossinnen, beschrieben mit Suren aus dem Koran, die die Frau zur stillen Willfährigkeit auffordern, während Peitschenhiebe auf sie niederprasseln.*

Nach der Ermordung von Theo van Gogh schleppte die Polizei die Frauenrechtlerin von einem Versteck ins nächste und flog sie schließlich nach Kalifornien aus, wo sie zehn Wochen lang auf einem Marinestützpunkt versteckt wurde. Damit sie nicht ausgespäht werden konnte, musste sie sogar ihr Handy abgeben. Sie hat die Isolation nicht ausgehalten. Ein Leben im Untergrund, das sei wie tot sein, fand sie, und kehrte auf die politische Bühne zurück. Sie erschien wieder im Parlament, eine zarte Person, überragt von schweigenden Herren in grauen Anzügen, die ihr bei jedem Schritt auf den Pelz rückten, die Bodyguards. Die wohnten auch in ihrem Haus, das der Öffentlichkeit unbekannt blieb, und beschatteten sie bei jedem Schritt. »Meine Freiheit ist etwas eingeschränkt«, sagte sie. »Das ist, als würde man bei seinen Eltern wohnen. Man muss immer sagen, wo man hingeht.« Allein war sie nun nie mehr. Manchmal fragte sie sich, ob es das wert sei. Erwogen hatte sie den Ausstieg aus der für sie lebensgefährlichen Islamdebatte schon nach dem Mord an Theo van Gogh. Doch dann beschloss sie weiterzukämpfen. Für die Freiheit anderer – ein Kampf, der sie selbst zur Gefangenen machte.

Ayaan Hirsi Ali blieb auch weiterhin auf Personenschutz angewiesen. Da kündigte die Integrationsministerin Rita Verdonk im Mai 2006 über Nacht an, der umstrittenen Islamkritikerin und Abgeordneten die niederländische Staatsbürgerschaft abzuerkennen. Eine TV-Station hatte enthüllt, was lange bekannt war: dass die Abgeordnete vor Jahren bei ihrer Einbürgerung falsche Angaben gemacht hatte. Bekannt waren auch die Gründe, die sie dazu veranlassten. Der Beschluss löste eine 14-stündige Parlamentsdebatte aus, die Ministerin nahm ihre Entscheidung zurück, am übernächsten Tag zerbrach darüber die Regierungskoalition von Jan Peter Balkenende. Zu diesem Zeitpunkt befand sich Ayaan Hirsi Ali bereits in den USA. Da sich die US-Behörden für den Personenschutz einer Ausländerin als nicht zuständig erklärten, musste Holland dafür aufkommen. Unter dem Vorwand, dies sei auf die Dauer zu kostspielig, wurde die Bewachung eingestellt. Heute lebt die Frau, die vom *Time Magazine* zu den 100 einflussreichsten Menschen weltweit gezählt wird, an einem geheimen Ort und wird von einem durch Spenden finanzierten privaten Wachunternehmen beschützt. Sie lebt nun zusammen mit Niall Ferguson, dem berühmten britischen Historiker, der behauptet, dass nicht Deutschland am Ersten Weltkrieg schuld sei, sondern das Britische Empire. Auch ein Nestbeschmutzer also, aber zum Glück ganz ohne Folgen für Leib und Leben. »Ayaan« bedeutet übrigens »glücklicher Mensch« auf Somali, Hirsi Alis Muttersprache.

»Wir schliefen kaum, wir fuhren, was das Zeug hielt, ohne Ziel.« Bonnie Parker

Verbrechen und Morde

Gesche Gottfried

Bonnie Parker

Gesche Gottfried

Hiob oder der Todesengel von Bremen

Am Tag ihrer Hinrichtung, dem 21. April 1831, war ganz Bremen auf den Beinen. 30 000 Menschen versammelten sich auf dem Domshof, wo das von schwarzen Tüchern umhüllte Schafott stand. Schaulustige drängten sich an den Fenstern der ehrwürdigen Patrizierhäuser, Zimmer mit der besten Aussicht wurden sogar vermietet, trotz Verbot erklommen Menschen Gauben und Dächer. Die ganze Stadt wollte sehen, wie einer Frau der Kopf abgeschlagen wurde. Gesche Gottfried, eine Bremer Bürgerin, hatte 15 Menschen getötet: ihre Eltern, ihre Männer und ihre Kinder, vergiftet mit »Mäusebutter« – Schmalz, vermischt mit Arsen aus dem Gemischtwarenladen um die Ecke. Mindestens 19 weitere Bekannte überlebten ihre Attacken nur knapp. Die Grausamkeit, mit der sie zu Werke ging, erschütterte jeden, der davon hörte, weit über die Hansestadt hinaus. Ganz Deutschland war entsetzt über diese beispiellosen Taten, die Kunde davon drang selbst bis nach Übersee und sorgte dort für Aufregung.

Während der Haft saß Gesche Gottfried dem Hofmaler des Großherzogs von Mecklenburg-Schwerin, Karl Suhrland, Modell. Ihr Porträt fand, mit dem Faksimile des Briefs an ihren Untersuchungsrichter versehen, reißenden Absatz. Es zeigt die einst jugendschöne Dame – im Gefängnis um Jahrzehnte gealtert.

Wer war diese Frau, die anerkannt inmitten der wohlanständigen Bremer Gesellschaft lebte, die unbemerkt zwischen Kaufleuten, Senatoren, Ärzten und Geistlichen mordete und der es gelang, ihre Verbrechen mehr als 15 Jahre geheim zu halten?

Gesche Gottfried, geboren als Gesche Margarethe Timm, wuchs in einer kleinen Handwerkerfamilie auf. Ihr Vater war einfacher Schneider, ihre Mutter Wollnäherin. In der Domschule lernte das aufgeweckte Mädchen lesen, schreiben und rechnen, und da die Eltern sehr gläubig waren, wurde der Religionsunterricht zum Wichtigsten in Gesches Jugend. Als der schräg gegenüber wohnende, wohlhabende Sattlermeister Johann Gerhard Miltenberg um ihre Hand anhielt, war die elterliche

Gesche Gottfried, geboren am 6. März 1785 in Bremen, gestorben am 21. April 1831 in Bremen, die erste Serienmörderin in Deutschland, brachte 15 Menschen aus ihrem persönlichen Umfeld im Laufe von 15 Jahren um. An ihr wurde die letzte öffentliche Hinrichtung in Bremen vollzogen.

Gesche Margarete Gottfried geb: Timm

geb: den 6 März 1785 (am Tage Gottfried)

Unmittelbar auf Stein gezeichnet im Criminal-Gefängniße zu Bremen
den 3ten October 1829 von Professor R. Suhrlandt.

Fac simile ihrer Handschrift:

d. 24 Aug (1829) Herr Senator Droste Wohlgeb.

Sie Erlaubten etc.

Immer ich über meine vielen und schweren Sünden nachdenke, fühle ich was ich hier auf der Welt verdient habe, doch wenn es vom lieben Gott zu erbitten ist so gebe Sie mir eine milde Todes Strafe. mein Herz sehnt sich bey'm lieben Gott zu seyn der mich unglückliche Geschöpf gewiß nicht ewig von sich stoßen wird.

Gottfried.

(Anfang und Ende eines, nach geschloßenen Verhandlungen, an den untersuchenden Richter gerichteten Briefes.)

Steindruck von F. A. Dreyer in Bremen.

Freude groß. Mit der guten Partie den begehrten sozialen Aufstieg vor Augen, drängte man die widerstrebende Gesche, den Antrag anzunehmen, obwohl man den Bräutigam als haltlosen Charakter kannte.

»Ich war bei ihrem Tod gegenwärtig und habe sehr viel geweinet.«

Ihre Ehe mit Miltenberg war nicht glücklich. Mehr Zeit als in seiner Werkstatt oder zuhause verbrachte er in den Kneipen und Bordellen, sprach mehr dem Alkohol zu, als ihm guttat, verspielte das elterliche Vermögen und schlug seine Frau. Zudem litt er an Syphilis, so dass das gemeinsame erste Kind als »Erbteil seines ausschweifenden Vaters die Spuren dieser abscheulichen Krankheit« zeigte. Da lernte Gesche einen anderen Mann kennen, den Weinhändler Michael Christoph Gottfried. Sie verliebte sich in ihn. Weil Gottfried es zunächst bei einem unverbindlichen Zusammensein beließ, ging sie heimlich ein Verhältnis mit dem Weinaufseher Johann Koppisch ein, einem verheirateten Familienvater, und als im Sommer 1810 ihr drittes Kind zur Welt kam, kursierte das Gerücht, Koppisch sei der Vater. Ihrem Ehemann, der körperlich und seelisch zusehends verfiel, begegnete sie nur mehr mit »Überdruss und Ekel«. Als er 1813 plötzlich an »hitzigem Gallenfieber« starb, war der Weg frei. Gesche heiratete ihren Geliebten und hieß fortan Gottfried.

Niemand ahnte allerdings, dass sie zu diesem Zeitpunkt bereits ihre ersten Morde begangen hatte. Sie mischte Arsen, das in jedem Haushalt als Rattengift zur Hand war, ins Essen und brachte ihre Nächsten um, zuerst ihren Mann. Gesche und Miltenberg waren damals seit siebeneinhalb Jahren verheiratet. Kurze Zeit später starben in ihrer Umgebung in rascher Folge weitere fünf Menschen: ihre drei Kinder und ihre Eltern. Es war wie ein Rausch. Einen Tag nach der Beerdigung ihrer Mutter gab sie ihrer jüngsten Tochter Johanna von dem Gift auf Butterkuchen, der von der Trauerfeier übrig geblieben war. Das Kind starb innerhalb weniger Stunden. Eine Woche darauf vergiftete sie ihre älteste Tochter, Adeline, die sich vier Tage quälte, ehe sie starb. »Ich war bei ihrem Tod gegenwärtig und habe sehr viel geweinet.« Kurz danach erhielt ihr Vater Arsen in der Suppe. Er verschied am nächsten Tag. Nur mit der Vergiftung ihres Sohnes Heinrich ließ sie sich elf Wochen Zeit. »Warum ich diesen Knaben länger leben ließ als die anderen Kinder, weiß ich nicht, ich habe mir nie darüber Rede gestanden.« Sie gab ihm zum Frühstück Arsen auf Zwieback. Zwei Tage später starb er. »Besonders wenn ich an seiner Leiche vorbei in die Küche gegangen bin, musste ich viel weinen.«

Alle Opfer litten an Bauchkrämpfen, fürchterlichem Erbrechen, Durchfall und unlöschbarem Durst. Erholten sie sich wider Erwarten von dem Gift, so erhielten sie eine weitere Messerspitze Arsen. Während ihres qualvollen Sterbens wurden sie von Gesche gepflegt und umsorgt, ganz besonders ihre Mutter. »Ich darf es Ihnen sagen«, schrieb sie später ihrem Verteidiger Voget, »denken Sie: während ich das Gift einmache, gibt mir der liebe Gott ein herzliches lautes Lachen, dass ich erst mich selbst davor erschrak. Aber gleich besann ich mich, dies gäbe mir der liebe Gott ein, zum Beweis, dass so meine Mutter bald im Himmel lachen werde.« Nach dem Tod ihrer Liebsten veröffentlichte sie in den *Bremer Nachrichten* zu Herzen gehende Todesanzeigen: »Verwandte und Freunde, die gerührten Anteil an den mich kürzlich getroffenen harten Schlägen des Schicksals nehmen, werden mich auch jetzt ihres stillen Mitleids würdig finden und mir ihr ferneres Wohlwollen erhalten.«

Angesichts der auffällig vielen Todesfälle wunderte man sich dann doch in der Hansestadt. Man munkelte, im Hause der Gottfried gehe es nicht mit rechten Dingen zu. So sah sich die trauernde Mutter genötigt, die Leiche ihres Sohnes obduzieren zu lassen. Nach oberflächlicher Untersuchung stellte der Hausarzt aber nichts Verdächtiges fest. Der kleine Heinrich sei an einer »Verschlingung der Eingeweide« gestorben, wie man auch schon zuvor nur natürliche Todesursachen diagnostiziert hatte, bei Miltenberg »hitziges Gallenfieber« und bei Gottfried eine »Lungenentzündung«. Nachdem das Gerede verstummt war, hatte man nur noch Mitleid mit der Witwe, die so viele Verluste hinnehmen musste. Zudem gab sie an, dass von dem Erbe ihres ersten Mannes

Gesche Gottfried vergiftete fast nur Menschen aus ihrer näheren Umgebung. Somit wurde die Pelzerstraße, an deren Ende sie in der Nummer 37 wohnte, zum Schauplatz einer beispiellosen Mordserie.

»Ich darf es Ihnen sagen, denken Sie: während ich das Gift einmache, gibt mir der liebe Gott ein herzliches lautes Lachen, dass ich erst mich selbst davor erschrak.«

nichts mehr übrig sei und Gottfried nach seinem Tod nur hohe Schulden hinterlassen hätte. Sie log – und lieh sich Geld, obgleich sie immer noch vermögend war. Allein die Mieteinnahmen aus den sieben Nebenwohnungen des Miltenberg'schen Hauses erlaubten ihr, ein bequemes Leben zu führen. Machte sie vorsätzlich Schulden, um ihr Los noch schwerer erscheinen zu lassen? Da sie sich in der Religion und Bibel bestens auskannte, wusste sie, welche Fürsorge man in protestantischen Kreisen den Mühseligen und Beladenen zuteil werden ließ. Man empfand tiefe Sympathie für die Schwergeprüfte. Falls sie mit ihren Taten nur mitleidige Aufmerksamkeit erregen wollte, dann spielte sie perfekt die dazu passende Rolle, den weiblichen Hiob.

»Ich tat nur eben, was ihr alle tut, nur besser, drum begehret ihr mein Blut.«

In dieses Szenario baute sie auch den Schneidermeister Friedrich Dolge ein, eine unerfüllte Jugendliebe, der es zu Wohlstand und Ansehen gebracht hatte. Über Jahre ließ sie sich von ihm gegen Schuldverschreibungen größere Summen auszahlen und machte ihn zum Verwalter ihrer Finanzen. Sein Plan, sie dabei, wie sich später herausstellte, übers Ohr zu hauen, misslang gründlich. Denn obwohl sie ihn als Einzigen ihrer Männer auf eigentümliche Weise fürchtete, durchschaute sie ihn auch und baute vor. Und da ihr Erwerbssinn ebenso ausgeprägt war wie ihr, für diese Zeit höchst ungewöhnlicher, Hang zur Erotik, pflegte sie neben dem finanziellen Verhältnis mit ihm auch ein intimes. Damit seine häufigen Besuche den Nachbarn nicht auffielen, nahm sie eine seiner Töchter zur Erziehung bei sich auf. Ein großes Rätsel bleibt, warum gerade Dolge in all den Jahren von ihren Giftgaben verschont blieb. Noch drei Tage nach ihrer Verhaftung erschien er in der Wohnung des Untersuchungsrichters, um zu erklären, wie unsinnig die kursierenden Giftgerüchte wären, bevor ihm aufging, in welcher Gefahr er geschwebt hatte.

In den nächsten Jahren hielt sich Gesche Gottfried mit mörderischen Anschlägen zurück, bis ein neuer Verehrer auftauchte: der Modewarenhändler Paul Thomas Zimmermann. Sie war mittlerweile 38, er machte ihr einen Heiratsantrag, die beiden verlobten sich. Doch sie wartete nicht lange, und griff wieder zum Gift. Am 1. Juni 1823 starb auch Zimmermann, nicht bevor er seiner Braut testamentarisch einen Teil seines Vermögens überschrieben hatte. Nun ging sie dazu über, wahllos in ihrer Umgebung kleine, nicht tödliche Portionen Gift zu verteilen. Zufällig vorbeikommende Freundinnen, Mieter aus den benachbarten Häusern, Kinder, die ihr zum Geburtstag gratulierten, in ihrem Haushalt angestellte Dienstmägde, Handwerksburschen, die

Herd oder Dielenbohlen reparierten – keiner war mehr sicher. Bis zu ihrer Verhaftung fünf Jahre später wurde ihre Umgebung von einer Epidemie des Erbrechens, der Leibschmerzen, des Siechtums und des Sterbens heimgesucht. »Zuweilen war ich monatelang von dem Trieb, etwas zu geben, frei, dann kam aber wieder eine Periode, wo ich mit dem Gedanken aufwachte: wenn die oder die Person kommen sollte, sollst du ihr was geben.« Mit ihrer Freundin, der von ihr hochverehrten Klavierlehrerin Anna Meyerholz, war sie noch am Abend zuvor im Theater gewesen, da gab sie ihr zum Frühstück einen Zwieback mit Mäusebutter. Drei Tage quälte sich die Frau unter grauenhaften Schmerzen, ehe sie starb. Später, während des Verhörs danach befragt, warum sie das getan habe, wusste Gesche Gottfried nur unter Tränen zu sagen: »Ach, das mag Gott wissen.« Überführt wurde die Serienmörderin schließlich nur, weil das nächste Opfer, zunächst ebenso wenig misstrauisch wie seine Vorgänger, zufällig genau hinsah und auf seinem Essen verdächtige, winzig kleine Körner entdeckte. Dabei war es doch so offensichtlich: Dieses teuflische, dieses monströse Leben schrie danach, dass es entdeckt und ihm ein Ende gemacht werde.

Sofort nach ihrem Tod kam die Medienmaschinerie in Gang. F.L. Voget, ihr Verteidiger, brachte aus seinen Aufzeichnungen die Generalgeschichte der fürchterlichsten Giftmischerin *auf den Markt, darin die von ihm gefertigte Lithografie* Gesche Gottfried vergiftet ihren Vater.

Über die Motive für Gesche Gottfrieds Taten ist viel spekuliert worden. Hat sie aus Kränkung gemordet, aus Wut oder Habgier? Oder war es Lust und ein grenzenloser Allmachtsfuror, der, ihr im Nacken sitzend, sie rennen ließ und rennen, immer schneller den Verfolgern entgegen, als wäre es ein Wettlauf mit Gott und dem Schicksal um die Hoheit auf Erden? Vielleicht aber trieb sie doch nur das Buhlen um die Liebe, die im Leben nicht zu haben ist, dieser vermessene Griff nach oben, der niemals ungestraft bleibt.

Eindeutige Antworten gibt es nicht. So unerklärbar, wie das Leben der Gesche Gottfried war, so vielfach wurde es ausgelegt, bis zum Kitsch, bis zu Tatortfolgen und zu Comicstrips. Freiheitspoeten wie Adelbert von Chamisso haben ihr ein schwärmerisches Denkmal gesetzt und sie zur frühen Anarchistin stilisiert: »Ich tat nur eben, was ihr alle tut, nur besser, drum begehret ihr mein Blut«, Rainer Werner Fassbinder ließ sie in seinem Stück *Bremer Freiheit* zur Kämpferin gegen den Machismo aufsteigen, weil sie »nicht Haustier sein will« der Männer. Alles vergebliche Versuche, dieses bodenlos fehlgeleiteten, mörderischen Lebens habhaft zu werden.

Einzig der Senat von Bremen traf unter Schock eine klare und bis heute segensbringende Entscheidung. Nach der Enthauptung Gesche Gottfrieds, der letzten Hinrichtung, die in der Stadt gesehen wurde, beschloss er, künftig Arsen nur noch streng durch die Apotheken kontrolliert verkaufen zu lassen.

Bonnie Parker

Die Gangsterbraut

Hollywood machte sie zum glamourösesten Gangsterpaar der Geschichte. Denn ihr Leben bot den Stoff, aus dem moderne Mythen gemacht werden: romantische Liebe, Sex & Crime, jede Menge Gier nach Abenteuer, Glück im Katz-und-Maus-Spiel mit der Polizei und ein grandioses Finale. Vor allem aber: Sie gehörten zueinander wie Pech und Schwefel, sie konnten ohne den anderen nicht sein. Bonnie liebte Clyde über alles, und er liebte sie. Zwei Jahre lang hinterließen sie eine Spur aus Blut und Zerstörung, die 14 Menschen das Leben kostete. Auf der Flucht vor der Polizei durchquerten sie unzählige Bundesstaaten, bis die Verfolgungsjagd ein tragisches Ende fand.

Aber warum zogen Bonnie und Clyde mordend durch das Land? Nach dem Crash an der Wallstreet und der Großen Depression, die viele ins Elend stürzte, wurde Amerika von einer Flut von Verbrechen erfasst. Auf dieser Welle schwamm auch das »Teufelspaar« aus Texas, wie die einen sagen, die »Robin Hoods« der 1930er-Jahre, die anderen. Sie nahmen mit Gewalt, was sie legal nicht bekamen, und sie setzten alles auf eine Karte, denn zu verlieren hatten sie fast nichts.

Bonnie Elizabeth Parker, am 1. Oktober 1910 in Rowena, Texas geboren, gestorben am 23. Mai 1934 in Bienville Parish, Louisiana, US-amerikanische Kriminelle, bildete mit Clyde Chestnut Barrow (geboren am 24. März 1909 in Telico, Texas, gestorben am 23. Mai 1934 in Bienville Parish, Louisiana) das mörderische Paar, dessen Leben das Vorbild für den gleichnamigen Film von 1967 mit Warren Beatty und Faye Dunaway, Regie: Arthur Penn, abgab.

Dabei fing die Geschichte nicht schlecht an. Obwohl in ärmlichen Verhältnissen aufgewachsen – ihr Vater, ein einfacher Maurer, starb, als sie vier war, ihre Mutter schlug sich mit drei Kindern in einem Industrievorort von Dallas als Schneiderin durch –, gab Bonnie Parker zu stolzen Hoffnungen Anlass. Auf der Highschool glänzte sie als eine der besten Schülerinnen. Sie war musisch begabt, schrieb mit glühendem Eifer Gedichte, gewann den County-League-Wettbewerb für Kreatives Schreiben, und sie konnte fabelhaft reden. Schlagfertig und gewitzt, wie sie war, brachte sie die Leute zum Lachen, so dass Lokalpolitiker sie für Wahlkampfveranstaltungen engagierten – als Stimmungskanone, die die Leute vor den eintönigen Ansprachen auf Touren brachte. Auf diese Weise fand sie früh zu einer kleinen Berühmtheit, sie wurde zu einer Art Shirley Temple der Arbeitersiedlungen von Dallas. Intelligent, sympathisch, willensstark und attraktiv – die Chancen standen gut für das temperamentvolle Mädchen, bis sie eine neue Leidenschaft entdeckte, bis Roy Thornton kam. Der sah gut aus, trug verwegene Klamotten, Hals über Kopf verliebte sie sich in ihn, und sie brannte mit ihm durch. Sechs Tage vor ihrem 16. Geburtstag heirateten sie, die Schule hängte sie damit an den Nagel. Knapp drei Jahre hielt die Ehe, dann trennten sie sich, geschieden aber wurden sie nie. Obwohl sie sich niemals wieder sahen, trug Bonnie den Ehering noch, als sie starb. Um sich über Wasser zu halten, jobbte sie als Kellnerin in einem Café, bis es Pleite ging und im November 1929 geschlossen wurde.

»Ihr kennt die Story von Jesse James wie er lebte, und starb vor der Zeit. – Ist das schon alles gewesen? Wollt ihr noch etwas hören, here's the story of Bonnie and Clyde.«

Zu dieser Zeit begegnete sie dem eineinhalb Jahre älteren Clyde Barrow, einem Kleinganoven, der keiner festen Arbeit nachging und mal hier ein Auto knackte, dort in einen Laden einbrach. Es war Liebe auf den ersten Blick. Was ihr gefiel: Clyde hatte große Ambitionen, das Leben mit ihm versprach, ein Spaß zu werden, knisternd vor Aufregung, sie würden Dallas verlassen, woanders neu anfangen, sie waren unternehmungslustig, zusammen einfach nicht zu schlagen, und sie waren jung. Doch schon bald landete Clyde wegen Trickbetrügereien wieder im Knast – Bonnie wartete. Sie schmuggelte ihm eine Pistole hinter Gitter, er brach aus, um ein paar Wochen später erneut geschnappt zu werden. Diesmal sollte es zwei Jahre dauern, bis er wieder auf freien Fuß gesetzt wurde, zwei lange Jahre, in denen Bonnie Parker nichts tat als zu warten. Sie unternahm keinen Versuch, in ihr altes Leben zurückzukehren, nur das Reimen gab sie nicht auf. Ein Gedicht über Jesse James, den legendären Banditen, den selbst der Präsident als »Robin Hood Amerikas« bezeichnete, bildet den Anfang einer Ballade, die sie, ihre Lebensstationen entlang, bis zu ihrem Ende fortschrieb: »Ihr kennt die Story von Jesse James wie er lebte, und starb vor der Zeit. – Ist das schon alles gewesen? – Wollt ihr noch etwas hören, here's the story of Bonnie and Clyde.« Damals reifte in der Klassenbesten von einst und dem vormaligen »Kinderstar« der Entschluss, all ihre Talente in die Waagschale zu werfen, ganz so wie ihr Vorbild, der legendäre Outlaw aus dem Mittleren Westen.

Üben für den Ernstfall: Bonnie Parker nimmt Clyde Barrow aufs Korn. Auf der vorhergehenden Seite die echten Bonnie und Clyde, rechts ihre Film-Pendants Faye Dunaway und Warren Beatty aus dem Jahr 1967.

Kaum raus aus dem Gefängnis, warnte Clyde sie eindringlich. An seiner Seite werde sie ständig vor der Polizei auf der Flucht sein und schließlich eines gewaltsamen Todes sterben. Keine Frage für Bonnie, sie schwor, ihn niemals zu verlassen, koste es, was es wolle, zumal Clyde eine sehr harte Zeit hinter sich hatte. Aus dem »harmlosen Schuljungen war«, wie ein Mitgefangener später sagte, während der zwei Jahre »eine gefährliche Python geworden«. Furchtbaren Misshandlungen durch die Wärter ausgesetzt, war er monatelang von einem Häftling brutal vergewaltigt worden. Er erschlug seinen Peiniger. Das war Clyde Barrows erster Mord, der sich allerdings nie beweisen ließ – eine Verzweiflungstat. Und Bonnie wusste, nie würde ihr Liebster an diesen oder einen anderen Ort des Schreckens zurückkehren, lieber ließe er sich erschießen.

Von nun an unternahmen sie alles, um einer Verhaftung zu entgehen. Ein paar Wochen später hatten sie eine kleine Bande zusammen: die bis zu neun Köpfe zählende Barrow-Gang. Clyde bestimmte, wo es langging. Bonnie wich nicht mehr von seiner Seite, bis auf einmal, als sie wegen eines Einbruchdiebstahls kurz hinter Gitter wanderte. Zwei Jahre lang kreuzten sie nun mit gestohlenen Autos durch den Mittleren Westen. Ging ihnen das Geld aus, raubten sie neues, in Tankstellen, Drogerien, Banken. Und sie schossen, wenn es Probleme gab, die ersten Toten pflasterten ihren Weg. Zu diesem Zeitpunkt gab es für sie kein Zurück mehr. Clyde, so Augenzeugen später, war kein kaltblütiger Mörder, der Leute um des Nervenkitzels willen umbrachte. Fühlte er sich aber bedroht, schoss er um sich. Bonnie drückte wohl nie den Abzug, sie lud nach, »verdammt gut«, wie berichtet wurde.

»Wir haben uns bestens amüsiert, aber über uns lag immer ein Schatten, eine dunkle Wolke.«

Als sich die Kunde von dem mörderischen Gangsterpaar in ganz Amerika verbreitete, fragte man sich, warum die Polizei sie nicht schnappen konnte. Um dem gnadenlos drohenden Ende zu entgehen, verfolgten sie eine ausgeklügelte Strategie. Sie erbeuteten die neuesten Waffen, automatische Schnellfeuergewehre, während die Polizisten mit einfachen Colts ausgestattet waren, die sie sich auch noch selber besorgen mussten. Obendrein besaßen die USA damals noch keine Landespolizei, Gesetzeshüter waren auf ihren eigenen Pick-ups oder in klapprigen PKWs unterwegs, es gab keinen koordinierten Einsatz, um Verbrecher zu stellen. Bis zum Schluss spielten die beiden so mit ihren Gegnern, deren Schwäche eiskalt ausnutzend, ein tödliches Katz-und-Maus-Spiel. Dabei war ihre wichtigste Waffe eine der neuesten technischen Errungenschaften, ein Ford V8, mit dem sie im Nu über alle Berge waren und jeden Polizisten abhängten. So wurden sie, die Todesstrafe vor Augen, während der 18-monatigen Flucht nie erwischt.

»Wir haben uns bestens amüsiert, aber über uns lag immer ein Schatten, eine dunkle Wolke«, schrieb Bonnies Schwägerin Blanche, die dabei war, in Joplin in ihr Tagebuch. In diesem Nest im Westen von Missouri lebte die Bande zwei Wochen lang unerkannt, das letzte Mal auf großem Fuße. Hier entstanden die Fotos, die aus Bonnie und Clyde das weltberühmte Paar machen sollten, Fotos, die, von der Polizei in ihrem Versteck erbeutet, landesweit im Zuge der Fahndung veröffentlicht wurden. Diese Serie promovierte die beiden gewissermaßen zu den neuen kriminellen Superstars. Ihr für die damalige Zeit aufregendstes Markenzeichen – unerlaubter Sex. Bonnie und Clyde waren sehr jung,

Keiner tat einen Schritt ohne den anderen. Kaum jemand hätte wirklich mit ihnen tauschen wollen, aber viele beneideten sie um ihre Tollkühnheit und die romantisch verklärte Freiheit der Outlaws.

und sie waren nicht verheiratet. Zweifellos schliefen sie miteinander, darüber hinaus rauchte sie Zigarren, wie auf einem der Fotos zu sehen war, auch wenn sie in Wirklichkeit Zigaretten – Marke Camel – bevorzugte. Ohne die kesse Gangsterbraut hätten die Medien Clyde Barrow wohl nur als irgendeinen schießwütigen Kerl abgetan, als einen von vielen. Es war Bonnie, die, als hätte Hollywood schon Regie geführt, mit ihren frechen Posen für Sex-Appeal sorgte. Raffiniert stellte sie das gewisse Etwas zur Schau, eine fröhliche Verruchtheit, die sie beide weit über gewöhnliche, gemeine Mörder hinaushob. So geschickt diese Bilder auch inszeniert waren, sie gaukelten eine Illusion vom romantischen Vagabundieren auf der Straße vor, die ganz und gar nicht der Realität entsprach. Abgesehen davon, dass sie vom glamourösen Stil einer »Celebrity« weit entfernt war, gestaltete sich ihr Leben durch den neuen Ruhm immer schwieriger. »Wir waren ziemlich verzweifelt. Wir lebten im Auto, Tag und Nacht, wir schliefen kaum, wir fuhren, was das Zeug hielt, ohne Ziel.« Bei einem Verkehrsunfall, als Clyde mit Karacho durch eine Straßenabsperrung gerast war, erlitt Bonnie an ihrem rechten Bein heftige Verbrennungen, die nicht mehr heilten. Von da an konnte sie kaum mehr gehen, Clyde musste sie tragen.

»Wir waren ziemlich verzweifelt. Wir lebten im Auto, Tag und Nacht, wir schliefen kaum, wir fuhren, was das Zeug hielt, ohne Ziel.«

Aufgrund der Schießerei in Joplin, bei der zwei Polizisten umkamen, wurden sie nun endgültig gejagt, und zwar mit derselben Professionalität, die sie selbst vorgaben. Im Auftrag des FBI setzte sich ein kaltblütiger Texas-Rancher systematisch auf ihre Fersen. Die Uhr tickte unbarmherzig, der drohenden Verhaftung entzogen sie sich durch immer häufigere, blutige Schusswechsel, dabei wurde Bonnie in den Bauch, Clyde am Kopf getroffen. Nur noch eine Frage der Zeit, bis die Falle zuschnappte, bis das tödliche Spiel endete. Es war auf einer verlassenen Landstraße am Black Lake in Louisiana. Sie starben, wie sie gelebt hatten, Seite an Seite, buchstäblich durchsiebt von Salven an Gewehrkugeln. In Clydes Leiche fand man 51 davon – in Bonnies zwei mehr.

Dass eine Frau zur Führungsspitze einer Gang gehörte, war außergewöhnlich, ja schlechthin sensationell. Nach ihrem Tod setzte ein beispielloser Kult um sie ein.

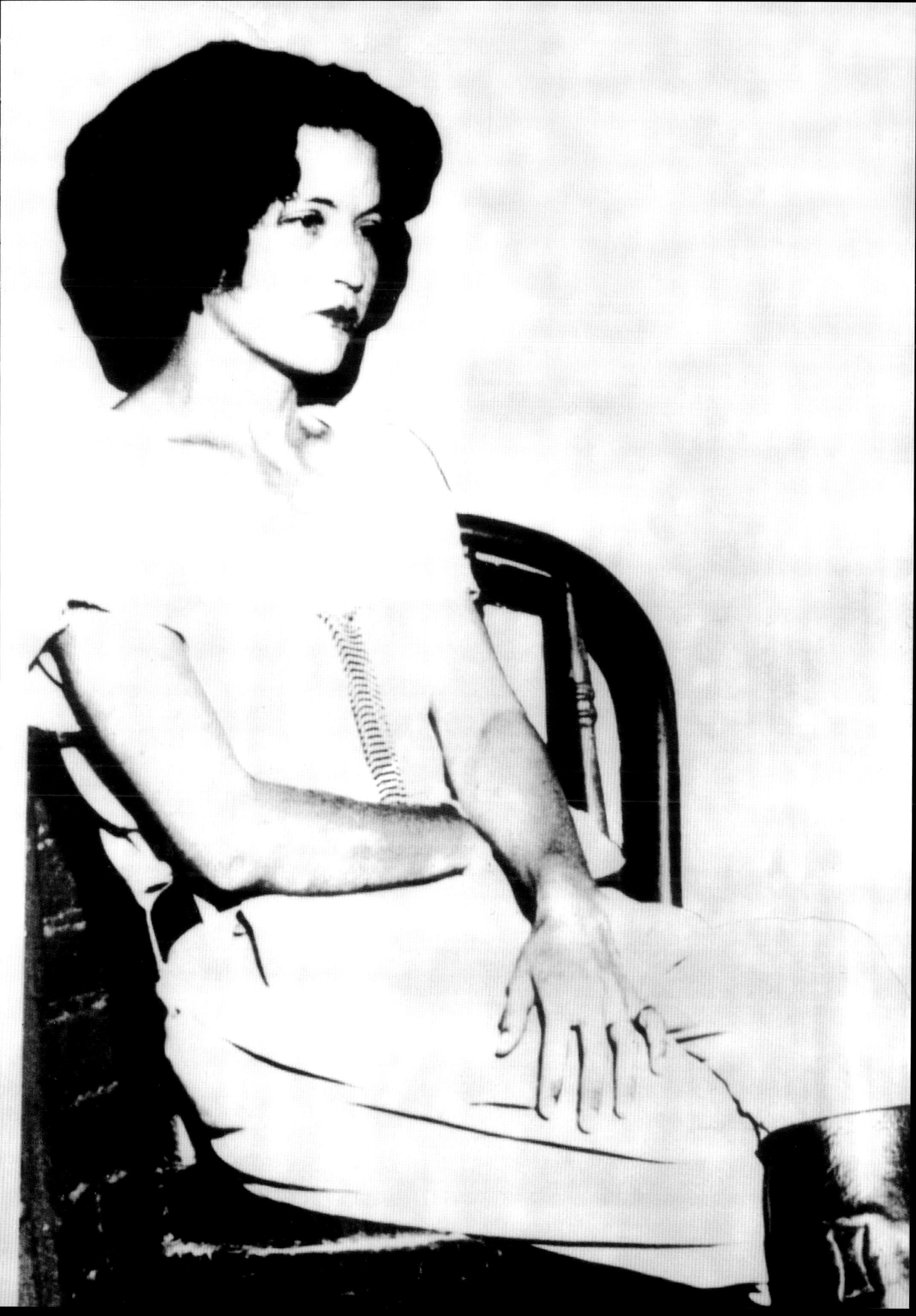

»Mir bleibt keine Zeit, um schwach zu sein.«
Mary Leakey

Berufsrisiken

Ruth Werner

Karen Silkwood

Jutta Kleinschmidt

Mary Leakey

Ruth Werner

Deckname »Sonja«

Keiner ahnte es: Die Frau, die mit Muhme Mele *ostdeutsche Kinderherzen erfreute, mit* Vaters liebes gutes Bein *und* Die gepanzerte Doris *in der DDR auflagenstarke Bücher für die Kleinen schrieb, war Stalins beste Spionin.*

Ein einziges Leben war ihr nicht genug, sie führte mehrere: Sie war Ursula – privat, die Schwester, Ehefrau und Mutter –, Ruth – die Schriftstellerin, die in der DDR bekannte Kinderbücher schrieb –, und sie war Sonja, die erfolgreichste Agentin des 20. Jahrhunderts. 50 Jahre lang bewahrte sie striktes Stillschweigen über eine sensationelle Tat, mit der sie nicht nur ihr eigenes Leben veränderte. Niemand wusste von jener denkwürdigen Begegnung an einem sonnigen Septembermorgen des Jahres 1942, als sie im englischen Banbury auf den Atomphysiker Klaus Fuchs traf, der – wie ein James Bond des Zweiten Weltkriegs – die Formel für die Weltherrschaft in seiner Tasche trug. Der deutsche Emigrant und Kommunist, der in einem engen Kreis von Wissenschaftlern höchst geheim am Bau der Atombombe für England und die USA arbeitete, hatte den Plan aus dem Labor gestohlen. Sonja, die beste Funkerin, die Stalin je hatte, leitete ihn an die Sowjets weiter. Über zwei Jahre lang sollten sich diese konspirativen Treffen wiederholen, jedes Mal übergab der deutsche Genosse einen neuen Baustein aus dem britischen Projekt »Tube alloys« an die deutsche Genossin, ohne dass der britische Geheimdienst davon Wind bekam. Über zwei Jahre lang morste sie, getarnt als Ehefrau und Mutter, die in der Nähe von Oxford ein unauffälliges Leben führte, die Berechnungen des »inner circle« der Universität von Birmingham nach Moskau. Bis dahin war die Kundschafterin des Aufklärungsdienstes der Roten Armee im kriegerischen Asien und Europa vielfach tödlicher Gefahr ausgesetzt gewesen. Aber nichts war mit der Verantwortung vergleichbar, die sie übernahm, als sie die Bomben-Formeln in den Kindersitz auf ihrem Fahrrad packte und allnächtlich an die Zentrale des russischen Geheimdienstes weiterleitete.

Ruth Werner, geboren als Ursula Maria Kuczynski am 15. Mai 1907 in Berlin, gestorben am 7. Juli 2000 in Berlin, Kommunistin, Schriftstellerin, Agentin des sowjetischen Militärnachrichtendienstes. Lebte von 1930–35 in China, 1935–38 in Polen, 1938–1940 in der Schweiz, 1941–50 mit britischer Staatsbürgerschaft in England. 1950 kehrte sie nach (Ost-)Berlin zurück, gab die nachrichtendienstliche Tätigkeit auf und schrieb Bücher unter dem Pseudonym »Ruth Werner«.

»Nu, wir haben gelernt, einen Sender zu bauen, einen primitiven, aber immerhin einen Sender, der von beinahe überall aus Moskau erreichen konnte, und wir haben das Funken gelernt. Im Funken war ich gut, im Senderbauen mies. Nuja, so war's.«

Sich zu tarnen, verstand »Sonja« perfekt: Ganz Dame der Gesellschaft, wie sie es zuhause in der noblen Grunewaldvilla gelernt hatte, eilte sie wie 1937 unbehelligt zu einem geheimen Kundschaftertreffen in Zakopane.

Ruth Werner, alias Ursula Kuczynski, wuchs in einer weltoffenen, bürgerlich-jüdischen Familie am Berliner Schlachtensee in der Nähe des Grunewalds auf. Ihr Vater, der linksorientierte, angesehene Ökonom Robert René Kuczynski, war Mitglied der Internationalen Arbeiterhilfe und organisierte einen Volksentscheid gegen die finanzielle Abfindung des deutschen Adels. Politisch also schon geprägt, trat Ruth Werner bereits in jungen Jahren der Kommunistischen Partei bei, schrieb für die *Rote Fahne* und übte in ihrer Freizeit im Grunewald das Schießen mit einer Pistole. 1930 folgte sie ihrem Mann Rolf Hamburger nach Shanghai. Dort hatte der junge Architekt eine Anstellung gefunden, das Ehepaar tummelte sich in der noblen Gesellschaft der chinesischen Metropole, zwischen Partys, Kino und Hunderennen – Vergnügungen, die der deutschen Kommunistin nur zum Teil gefielen. Während sie die Ehefrauen der europäischen Geschäftsleute als »absolute Luxustierchen« verachtete, war sie entsetzt über das Elend, das auf den Straßen herrschte, über die krassen Gegensätze zwischen Arm und Reich. So war es nur eine Frage der Zeit, bis sie sich vom sowjetischen Militärgeheimdienst anwerben ließ. Es war Richard Sorge, Russlands Meisterspion in Asien, ein Frauenschwarm, der ihr den Decknamen »Sonja« gab. In seinem Auftrag lagerte sie, hinter dem Rücken ihres Mannes, Waffen in ihrem Haus, stellte es für Geheimtreffen zur Verfügung und hielt Kontakt zu den chinesischen Kommunisten, die vor Chiang Kaisheks brutalem Regime in den Untergrund geflohen waren. Dabei diente ihr die Rolle der gutbürgerlichen, intellektuell interessierten Ehefrau, die in den besten Kreisen ein und aus ging, als gute Tarnung. Daran hielt sie ihr ganzes Kundschafterleben über fest, das konspirative Verhalten wurde zu ihrer zweiten Natur. Das oberste Gebot hieß allerstrengste Verschwiegenheit, auch den nächsten Freunden, Verwandten und den eigenen Kindern gegenüber. Das bestätigt auch ihre 1936 geborene Tochter Janina, die über die 20 Jahre schreibt, die ihre Mutter als Agentin zubrachte. »Sie musste sich so verhalten, dass sie ihre Genossen, sich und ihre Familie nicht noch mehr in Gefahr brachte … Rechnen musste sie mit allem, vor allem damit, geschnappt zu werden. Um Gefängnis und Folterungen leichter zu überstehen, versuchte sie jahrelang, gesund zu leben. Wie viel schwerer wäre es im Gefängnis geworden, hätte sie sich vielleicht dort das Rauchen abgewöhnen müssen. Und wie viel leichter hält ein abgehärteter Körper das Leben in einer Zelle aus. Deshalb trieb sie, wann immer Zeit dafür blieb, Sport.«

»Ich arbeitete bloß als Kurier.«

Um sich als Funkerin für illegale Einsätze ausbilden zu lassen, nahm sie an einem halbjährigen Lehrgang in Moskau teil. Sie sollte allein fahren und hatte sich nicht nur von ihrem Mann, sondern auch von ihrem kleinen Sohn Michael zu trennen. Die Gefahr, dass der Zweijährige sie später durch seine womöglich erworbenen russischen Sprachkenntnisse verraten hätte, war zu groß. Also brachte sie das Kind in die Obhut Schwiegereltern in einen kleinen Ort an der tschechisch-deutschen Grenze. »Der Gedanke, die Arbeit aufzugeben, um wieder ›normal‹ zu leben, wäre mir nie gekommen«, sagte sie rückblickend zu diesem Entschluss. Fasziniert von der Metropole des Sozialismus, lernte sie dort jenes Handwerk, in dem sie zur Meisterin wurde: das Morsen. Dass gleichzeitig in den Dörfern des Riesenreiches die Menschen verhungerten, nahm sie freilich nicht wahr. Von nun an stellte sie ihr Leben ganz und gar in den Dienst des Arbeiter- und Bauernstaates.

Ihr erster Einsatz führte sie in die von den Japanern besetzte Mandschurei und machte sie gleich mit sämtlichen Risiken bekannt, die der neue Beruf für sie bereithielt. Im Gartenhaus neben einer leerstehenden Luxusvilla richtete sie das Funkgerät ein, mit dem sie zweimal wöchentlich, meist die ganze Nacht hindurch, Botschaften der Partisanen in den Äther schickte, während in Wladiwostok ein Rotarmist saß, sie auffing und Nachrichten zurückfunkte. Jede empfangene musste entschlüsselt, jede gesendete musste kodiert werden. Darin entfaltete Sonja eine solche Perfektion, dass der Schlüssel für ihre Geheimsprache bis heute nicht gefunden wurde. »Mein Haus mit den geschlossenen Fensterläden war wie eine Burg«, schrieb sie, »Michael schlief fest im Raum nebenan. Die Stadt schlief, nur ich war wach … Doch häufig gab es Nächte, da fluchte ich dem Wecker und der Kälte im Raum. Ich saß im Trainingsanzug, in Decken gewickelt, am Schreibtisch und morste mit fingerlosen Handschuhen. Flugzeuge kreisten über dem Haus. Mal mussten sie mich ja erwischen. Einen Augenblick hoffte ich, der Partner würde sich nicht melden, ich würde so gern zurück ins warme Bett, aber dann müsste ich nächste Nacht wieder heraus.« Tagsüber gab der Kurier

»Mal mussten sie mich ja erwischen.«

die gutbürgerliche Ehefrau samt Haushaltsführung mit Dienerschaft, doch da der Ehemann außer bei kurzen Besuchen aus Shanghai nicht auftrat, ließ sich das Bild einer gediegenen Familie nur mit schauspielerischem Talent herstellen. Um ein Haar wäre Sonja, die sich während dieser Zeit in eine Romanze mit ihrem Führungsoffizier verstrickte, enttarnt worden und konnte sich nur durch Flucht retten. Die Tochter, die sie aus der Beziehung mit »Ernst« bekam, wurde von Rolf Hamburger zwar großmütig anerkannt, doch die Ehe zerbrach, nachdem die Familie, immer auf der Spur der konspirativen Aufträge, von Ort zu Ort gezogen war, von Shanghai nach Peking, von Warschau nach Danzig, von Zakopane bis in die Schweiz. Der »Soldat ohne Uniform«, wie sie genannt wurde, wuchs aber mit seinen Aufgaben.

Neben dem Funkverkehr organisierte sie von einem einsamen Haus in den Bergen aus, mit Blick über den Genfer See, kriegswichtige Agenteneinsätze gegen Nazideutschland. Die Mutter mit zwei Kindern und einer deutschen Kinderfrau dirigierte englische Genossen, die als gut betuchte Reisende verkleidet waren, nach Deutschland, um dort Rüstungsfabriken wie die Messerschmittwerke oder die IG-Farben auszukundschaften. Wie gewohnt schnell und fehlerfrei morste sie deren Erkenntnisse an die militärische Kommandozentrale nach Moskau, wobei ihr Sendeposten in den Bergen auch zu einer Schaltstelle des europaweiten Agentennetzwerkes, der »Roten Kapelle«, wurde. Die hatte gut gearbeitet. Auf den Tag genau war der deutsche Überfall auf die Sowjetunion vorhergesagt worden. Doch Stalin ignorierte alle Warnungen. So war nicht nur Ruth Werner bei Beginn des »Unternehmens Barbarossa« am 22. Juni 1941 über die mangelnden Defensiv-Vorbereitungen in der Sowjetunion entsetzt. Zu diesem Zeitpunkt hatte sie bereits einen ihrer verdienstvollen Mitarbeiter, Len Beurton, geheiratet, dem sie mit der Ehe den lebenswichtigen englischen Pass verdankte. 1940 zog sie mit ihm nach England, in die Nähe von Oxford, wohin schon ihre Eltern und Geschwister emigriert waren.

Ihr Bruder Jürgen Kuczynski, tonangebend unter den deutschen Kommunisten im englischen Exil und später ein angesehener Ökonom sowie Mitglied des ZK der SED, fädelte die Begegnung zwischen Klaus Fuchs und Sonja ein. Der Physiker, der für den Transfer der geheimen Daten aus Birmingham zunächst mit einem anderen Kurier zusammenarbeiten wollte, suchte nach dessen Verschwinden dringend nach einem Ersatz. Da war Sonja, die für ihre Verdienste mit dem Rotbannerorden der Sowjetunion geehrt worden war, zur Stelle. Obwohl sie nur ahnte, was sie beförderte, war sie sich mit allen kommunistischen Emigranten einig: Die Sowjetunion durfte keinesfalls vom Wohlwollen der Westmächte abhängig sein. 1949 zündeten die Sowjets ihre erste Atombombe. Dass sie es war, die am »Gleichgewicht der Systeme« mitwirkte, spielte sie bis zum Ende herunter: »Ich arbeitete bloß als Kurier.« Als Fuchs 1950 verhaftet wurde, floh Ruth Werner in die DDR. In dem »Amt für Information«, wo sie nach Ende ihrer Agententätigkeit eine Anstellung gefunden hatte, wurde die Frau – später mit allen Ehren der DDR ausgestattet – streng abgemahnt, weil sie ein Sicherheitsrisiko war: Sie hatte vergessen, einen Tresor abzusperren.

Nach 1946 brach die Verbindung mit der Moskauer Zentrale ab. Funksprüche von Sonja wurden nicht mehr gebraucht. Zum ersten Mal also hatte Ruth Werner in Great Rollright alle Zeit der Welt für ihre Kinder Michael, Peter und Janina.

Karen Silkwood

David gegen Goliath

Mit einem Autounglück begann ihr »Fall«, der nicht nur in den USA viel Staub aufwirbelte, der »Fall Karen Silkwood«. In der Dämmerung des 13. November 1974 fand man die Leiche der 28-jährigen Laborantin neben dem Highway von Crescent nach Oklahoma City, unweit ihres zerstörten Honda Civic. Angeblich war – so der offizielle Befund – die Fahrerin am Steuer eingeschlafen, weil sie zuvor starke Beruhigungsmittel genommen hatte. Als zwei Männer, die in Oklahoma auf sie gewartet hatten, ein bekannter Reporter der *New York Times* und ein Gewerkschaftssekretär, feststellten, dass ein wichtiges Dossier, das sie ihnen überbringen wollte, nach dem Unfall verschwunden war, lag der Verdacht nahe, dass hier nicht alles mit rechten Dingen zugegangen war. In diesem Dossier hatte Karen Silkwood Beweise darüber zusammengetragen, wie an ihrer Arbeitsstelle, dem zum Kerr-McGee-Konzern gehörenden Cimarron-Plutoniumwerk, gegen die Sicherheitsbestimmungen verstoßen wurde.

Obwohl die Polizeistreife, die die Tote entdeckte, sich an verstreut am Unfallort herumliegende Papiere erinnerte, waren diese ein paar Stunden später nicht mehr aufzufinden. Wer sie gestohlen hatte, ist nie aufgeklärt worden. Denn schnell schloss man über dem scheinbar normalen Autounfall die Akten. So interessierte man sich nicht für die fünf Herren von Werksleitung und Atomaufsichtsbehörde, die sich in der Garage zu schaffen machten, in die der Unfallwagen geschleppt worden war. Auch den Entdeckungen eines von der Gewerkschaft beauftragten Experten ging man nicht nach. Der hatte an der Rückseite des japanischen Kleinwagens frische Spuren gefunden, die nur vom Aufprall eines anderen Autos herrühren konnten. Vermutlich war der leichte Honda absichtlich gerammt und von der Fahrbahn abgedrängt worden. Dass die passionierte Autofahrerin, die in ihrer Freizeit regelmäßig an kleinen Amateurrennen teilnahm, ohne Fremdeinwirkung die Herrschaft über das Steuer verloren haben könnte, war schwer vorstellbar.

Denunziantin oder moralische Heldin? Was sie getan hat, nämlich verborgene Missstände in Unternehmen aufzudecken, ist mittlerweile Gegenstand von Managerschulungen. Man nennt es »Whistleblowing« – und bezieht sich damit ausdrücklich auf den Film Silkwood.

Karen Silkwood, geboren am 19. Februar 1946 in Longview, Texas, gestorben am 13. November 1974 auf der Route 74, Oklahoma, Gewerkschaftsaktivistin, die einen Skandal in der US-Nuklearindustrie aufdeckte. Auf dem Weg nach Oklahoma City, wo sie belastende Unterlagen übergeben wollte, kam sie unter nie geklärten Umständen ums Leben. Mike Nichols' Film von 1983, *Silkwood*, mit Meryl Streep in der Hauptrolle, machte sie weltweit bekannt.

»Karen lebte immer am Limit. Ich glaube, sie hat niemals über Konsequenzen nachgedacht.« Kristi, die Tochter von Karen Silkwood

Bevor sie sich mit den neuen »robber barons«, den »Raubrittern der Industrie«, anlegte, war Karen Silkwoods Leben denkbar normal verlaufen. Sie stammte aus einer Kleinstadt in Texas, war naturwissenschaftlich begabt, ging vom College aber schon nach einem Jahr ab, weil sie mit 19 heiratete und drei Kinder bekam. Da das Geld nie für die Schulden reichte, die ihr Mann in Motorrad-Werkstätten und Bierlokalen machte, musste sie dazuverdienen, als Lohnbuchhalterin in der Adams-Hutfabrik, als Sekretärin, als Telefonistin bei einer Versicherung – die einstige Einser-Schülerin, das einzige Mädchen im Chemiekurs für Fortgeschrittene und Vorsitzende des Science Clubs die sich als Teenager ihre Zukunft in einem Forschungsprojekt vorgestellt hatte. Sieben Jahre später trennte sie sich von ihrem Ehemann, nachdem sie herausgefunden hatte, dass er sie betrog. Die gemeinsamen drei Kinder überließ sie ihm und seiner neuen Lebensgefährtin.

Um ganz von vorn anzufangen, zog sie nach Oklahoma und suchte sich eine Arbeit in Crescent, in einer Fabrik, die Brennstäbe für Atomreaktoren herstellte. Die Stelle war nicht schlecht bezahlt, und dass sie als ungelernte Arbeiterin gleich im Labor eingesetzt wurde, schien sie ihrem lange gehegten Traum vom technischen Beruf näher zu bringen. Wie alle anderen war sie in dem Glauben aufgewachsen, dass die Kernenergie eine sichere und saubere Sache sei – gewissermaßen die humane Seite der Atombombe, die man während des Zweiten Weltkriegs zu Tötungszwecken entwickelt hatte. »Das ist der größte Erfolg seit den 40er-Jahren«, sagte der Mann, der sie einstellte, als er ihr die Anlage zeigte. Dort war die Luft angeblich keimfrei gefiltert, und Leute in weißen Overalls hantierten an merkwürdigen Kästen aus Metall und Plexiglas. Als sie im Betrieb dann auch noch Drew kennen-

Karen mit ihren drei Kindern, kurz bevor sie die Familie verließ. Nach dem Tod der Mutter wurde ihnen die Entschädigungssumme zugesprochen.

lernte, einen um vier Jahre jüngeren Draufgänger, der sie mit großem Charme umwarb, schien ihr Glück perfekt. Es war nicht Unzufriedenheit mit Kerr-McGee, die sie ein Protestschild in die Hand nehmen ließ, als die Gewerkschaft für höhere Löhne streikte. Wenn es ein Motiv gab, dann war es Drew, der sagte, wenn man anständig behandelt werden wolle, dann müsse man sich Respekt verschaffen. Als die Streikfront bröckelte, weil der mächtige Energiekonzern nicht nachgab, nahmen alle, um ihre Jobs nicht zu verlieren, die Arbeit wieder auf; auch Karen Silkwood. Doch es hatte sich etwas geändert. Anderthalb Jahre lang war sie die stille neue Kollegin gewesen. Jetzt machte sie sich bemerkbar. Eine Stärke hatte sie nämlich: Wenn sie sich im Recht fühlte, sagte sie es laut und deutlich. Nach und nach war ihr aufgefallen, wie sorglos man gegen die Sicherheitsvorschriften verstieß. Proben von Urantabletten lagen überall herum, die Handschuhkästen, durch die das Plutonium bearbeitet wurde, wiesen Löcher auf. Sie verlangte, dass die Schäden behoben würden.

Mit ihrer vorlauten Art machte sie sich nicht gerade beliebt bei ihren Chefs. Größere Sorgen aber machten ihr die sich häufenden Pannen, in deren Folge ihre Kleidung immer wieder gescannt und auf radioaktiven Staub untersucht werden musste. Allerdings verliefen die Tests immer positiv, sie hatte Glück, wie sie meinte. Als sie auf einer Gewerkschaftstagung – sie gehörte mittlerweile dem Betriebsrat an – erfahren musste, dass das Material, mit dem sie hantierte, lebensgefährlich sei, dass Plutonium, wenn man es einatme, 20 000 mal toxischer sei als Kobragift, fiel sie aus allen Wolken. Ohne lange nachzudenken, fasste sie einen Entschluss. Für die Atomaufsichtsbehörde in Washington wollte sie eine Liste mit allen Sicherheitsrisiken im Cimarron-Werk zusammenstellen. Die sollte sämtliche 38 Zwischenfälle der letzten Zeit, bei denen radioaktiver Staub ausgetreten war, mit Datum und Namen dokumentieren sowie den Pfusch an den Brennstäben, der vorsätzlich geschah, um die Produktion drastisch zu erhöhen. Dieser Pfusch erfüllte, unter Umgehung sämtlicher Vorschriften, den Tatbestand von

In der Fabrik gab es eine Reihe von Handschuhkästen, in denen Plutonium verarbeitet wurde. Karen alias Meryl Streep, hier in einer Filmszene, deckte die wahren Zustände im Werk auf.

Jutta Kleinschmidt, geboren am 29. August 1962 in Köln, professionelle Automobilsportlerin, Rennfahrerin, gewann 2001 als erste Frau überhaupt und als erste Deutsche die 9436 Kilometer lange Wüstenrallye Paris – Dakar vor dem damaligen männlichen Favoriten. Sie lebt in Florida und Monaco.

»Mädchen waren keine Herausforderung: zu schwach, irgendwie nicht belastbar.«

Jutta Kleinschmidt

Die Wüstenkönigin

»Wir müssen es heimlich machen«, so sprach die resolute Enddreißigerin und schob das dreirädrige Gefährt zusammen mit ihren beiden Söhnen im Morgengrauen auf die Straße. Obwohl es knatterte und stank, obwohl niemand wusste, ob das »Fuhrwerk des Teufels« nicht in die Luft ginge, setzte sie sich beherzt ans Steuer und lenkte das von ihrem Mann, Carl Benz, ertüftelte »Modell 3« die 106 Kilometer zu ihrer Mutter nach Pforzheim und zurück. Weil ihr Mann noch mit sich rang, weil er sich nicht traute, wurde Bertha Benz nicht nur zur ersten Langstreckenfahrerin in der Geschichte – was ihn zu ihrem größten Bewunderer machte. Sie fuhr an diesem Augusttag im Jahre 1888 auch das Automobil zu seinem Erfolg. So verheißungsvoll wie dieser Anfang schien, so einmalig blieb er für lange Zeit. Frauen am Steuer, Frauen auf der Piste – das kam nur allmählich in Gang.

Muss es denn immer Sand sein? Natürlich fuhr sie auch schon auf Asphalt, Eis und Schnee. Eigentlich fehlt ihr nur noch der Mond. Gerne würde sie mal hinauffliegen, einfach nur, um ein paar Runden zu drehen. Hier auf ihrer vorletzten Rallye Dakar 2005.

»Männer tun sich schwer damit, Frauen im Autosport ernst zu nehmen«, wiederholt eine, die es wissen muss, immer wieder. Jutta Kleinschmidt, Rallye-Fahrerin von Weltrang, bekam seit dem Januar 2001 bevorzugt eine einzige Frage gestellt. Wie konnte sie, eine Frau, die berüchtigte Strecke Paris–Dakar gewinnen? Die härteste, längste Wüstenrallye der Welt. Die männlichen Favoriten standen mit ihr auf dem Siegerpodest. Ganz oben auf dem Treppchen aber stand Jutta Kleinschmidt. Seither ist der Marathon der Männer nicht mehr die Bastion der Machos. *Die* Dakar, wie sie in der Motorsportwelt heißt, benannt nach ihrem senegalesischen Zielort, war seit jeher Kleinschmidts Traum. Die gefährlichste Langstreckenrallye der Welt führt nicht über Straßen und Pisten, sondern durch unwegsames Gelände, der größte Teil durch die Sahara. Man brettert bis zu 800 Kilometer pro Tag durch acht Länder, in 17 Etappen geht die Strecke über Spanien, Marokko, West-Sahara, Mauretanien, Mali, Guinea und Senegal nach Dakar. Bald nach ihrer Gründung 1978 stieg diese Rallye zu einem der bekanntesten Sportereignisse weltweit auf. Nur etwas für ganz Hartgesottene. Im 23. Jahr war der Sieger eine Frau. Daran hat sie angeblich selbst nicht geglaubt. »Also ehrlich, da fährst du ein drei Jahre altes

Auto, einen Gebrauchtwagen sozusagen. Und du weißt, wenn alles gut läuft und wenn nur wenige Fehler passieren, schaffst du es unter die ersten fünf. An Sieg war nicht zu denken.«

»fearless fraulein in a man's world«

Aber nur zum Spaß fuhr so eine wie sie nicht Jahr um Jahr mit, eine, die als Heißsporn gilt und immer ihren eigenen Weg ging. Schon damals, im Berchtesgadener Land, wo sie partout auf keine Mädchenschule wollte. »Mädchen waren keine Herausforderung: zu schwach, irgendwie nicht belastbar.« Lieber hat »sie sich mit Jungs verglichen«. Und weil ihr die »harten« Fächer wie Mathematik und Physik wichtig waren, boxte sie eine Sondergenehmigung durch, um als einziges Mädchen auf einer Knabenrealschule zugelassen zu werden. Eine Ausnahme war sie auch an der technischen Fachoberschule und später auf dem Bau, wo sie in den Semesterferien ihres Physik-Studiums jobbte, um dann bei BMW, selten genug damals, als Systemanalytikerin angenommen zu werden. Nebenbei brachte sie Frauen das Geländefahren bei und freute sich, wenn es einer gelang, bei kleinen Wettrennen mitzufahren. Sie selbst brach mit einem in der Küche ihrer Mietwohnung eigenhändig aufgemöbelten Motorrad nach Paris auf, um bei den ersten Etappen der Dakar als Touristin dabei zu sein.

Richtig ernst wurde es dann in Ägypten, als sie 1987 bei der Pharaonen-Rallye zum ersten Mal auf zwei Rädern durch die Wüste jagte. Weil sie sich einen Mechaniker nicht leisten konnte, was hieß: tagsüber fahren, nachts schrauben, musste sie ihr Wettkampfdebüt aus Erschöpfung vorzeitig abbrechen. Doch schon in den nächsten Jahren wurde sie zweimal Vizeweltmeisterin, auf der Rallye Paris–Kapstadt 1992 gewann sie als beste Frau. Dabei brach sie sich fünf Tage vor Schluss den Fuß, hielt aber trotzdem eisern bis ins Ziel durch. Dann war es so weit, sie wechselte auf vier Räder und begann ihre Karriere als Autosportlerin. An der Seite ihres damaligen Lebensgefährten Jean-Louis Schlesser, eines vielfach prämierten Stars des Autosports, startete sie 1993 zum ersten Mal bei der Rallye Paris–Dakar als Beifahrerin. Zwei Jahre danach saß sie am Steuer eines von Schlesser selbst konstruierten Buggy, der nur über die Hinterachse angetrieben wurde, und sie hängte damit die vierradgetriebenen Mitsubishis ab. Kurz vor dem Ziel versank sie bis zu den Achsen im Sand, über eine Stunde schuftete sie alleine, um den Wagen wieder flottzukriegen, und fuhr schließlich als sensationelle Fünfte über die Ziellinie. Es gab in diesen Jahren kaum eine Langstrecken-Rallye, an der sie nicht teilnahm: Paris–Kairo, Rallye Tunesien, Baja España oder Master-Rallye, und immer fuhr sie ganz vorne mit. Für Schlagzeilen sorgte sie, als sie drei Tage lang auf der Granada–Dakar die Gesamtwertung anführte, dann aber ein

Sie sieht müde und erschöpft aus. Nach der neunten Etappe der Rallye Dakar 2006 im mauretanischen Kiffa verteidigt die Gesamtsiegerin von 2001 zwar ihren fünften Platz, aber nach einem Defekt an ihrem VW Tuareg weiß sie noch nicht, wie sie den Rückstand ausgleichen wird.

Deutsche
Vermögensberatung
Volkswagen

Mary Leakey

Auf der Jagd nach dem »Homo sapiens«

»Vorsicht«, hatte ihre Freundin gesagt, die sie zu einem Vortrag des umschwärmten Afrikaforschers im Royal Anthropological Institute in London begleitete. »Nimm dich in Acht vor Louis Leakey. Er ist ein gefährlicher Mann.« Vorsicht? Warum? Sie war 20 und voller Wissensdurst. Er sprach über die Olduvai-Schlucht in Ostafrika, wo er Grabungen veranstaltete, weil er dort die Antwort auf die Frage nach der menschlichen Herkunft vermutete.

Die Fachwelt staunte: 1948 fand die Autodidaktin in Sachen Paläoanthropologie den kleinen Vorfahren der Gorillas. Auf dem Flug nach London, wo sie ihn der Presse präsentierte, hielt sie Proconsul africanus *wie ein kostbar verpacktes Geschenk fest auf ihren Knien.*

Das war auch ihre Frage, denn nichts interessierte sie mehr als die Prähistorie. Die hatte sie im Blut: Ihr Ururgroßvater hatte in Suffolk nach Flintsteinen gegraben und als Erster in England vorgeschichtliche Werkzeuge gefunden. Schon als Kind, seit sie an der Hand ihres Vaters zum ersten Mal die Höhlen der Dordogne besuchte, begeisterte sie sich für Archäologie, für die Felsenmalereien, die sie allesamt mit großem Verstand nachzeichnete. »Höhlenforscherin«, hatte sie damals gesagt. »Ich werde Höhlenforscherin.« Ihr Vater, der Landschaftsmaler Erskine Nicol, der in der Welt herumgekommen war und seine Familie auf langjährige Reisen durch Ägypten, Italien und Frankreich mitnahm, förderte ihr künstlerisches Talent. Sein Tod bedeutete für die 13-Jährige einen tragischen Einschnitt in ihrem Leben. Von nun an sollte sie in London sesshaft werden und eine gediegene Schulbildung erhalten. Zahllose Lehrerinnen brachte sie zur Verzweiflung, denn sie entschloss sich, nur zu lernen, was sie interessierte. Aus einem Nonnenkonvent flog sie raus, weil sie sich weigerte, Gedichte aufzusagen, einem feinen katholischen Internat entkam sie, nachdem sie das Chemielabor fast in die Luft gejagt hatte. Dass sie ohne Schulabschluss

Mary Leakey, geboren als Mary Douglas Nicol am 6. Februar 1913 in London, gestorben am 9. Dezember 1996 in Nairobi, englisch-kenianische Archäologin und erfolgreichste Paläoanthropologin der Welt. Mit ihrem Mann Louis Leakey (1903–1972) erforschte sie die frühe Menschheitsgeschichte in Ostafrika. Ihre Funde, vor allem die von ihr 1978 in Laetoli/Tansania entdeckten versteinerten Fußspuren dreier Hominiden (Vormenschen) beweisen, dass die Wiege des Homo sapiens nicht, wie bisher gedacht in Asien, sondern in Afrika liegt.

nicht studieren konnte, ärgerte sie zwar, hielt sie aber nicht davon ab, ihr Ziel, Archäologin zu werden, systematisch zu verfolgen. Die gelegentlich besuchten Vorlesungen über Geologie kamen ihr allerdings viel zu trocken vor. Ganz anders die archäologische Feldarbeit, die sie unter Anleitung der bekannten Steinzeitforscherin Dorothy Liddell erlernte. Drei Sommer lang assistierte sie bei Ausgrabungen in Devon und eignete sich dabei die rigorose Präzision an, die ihr Markenzeichen werden sollte. Ab 1931 leitete sie eine eigene Grabungsstätte in Essex, veröffentlichte ihre erste wissenschaftliche Abhandlung, und, wie gewohnt, skizzierte sie die Funde in Zeichnungen.

»Mehr als alles andere will ich in Ruhe gelassen werden, um mit meiner Arbeit voranzukommen. Ich suche mir meinen Besuch selbst aus, wenn ich überhaupt welchen empfangen will.«

Als Mary Nicol und Louis Leakey sich 1933 kennenlernten, lehrte er Archäologie in Cambridge. Hals über Kopf verliebten sie sich, er, der charismatische Wissenschaftler und notorische Frauenheld, sie, die querköpfige Seiteneinsteigerin ohne Schulabschluss. Er hielt ihre Zeichnungen von Steinwerkzeugen für die besten, die er je gesehen hatte. Auf der Stelle engagierte er sie als Illustratorin für sein Buch »Adams Vorfahren«. Doch das reichte ihr nicht, sie spielte auf Gewinn. Energisch betrieb sie ihre Beteiligung an Louis Leakeys nächster Ostafrikaexpedition, ihr Ziel: ihn auf seinen Entdeckungsfahrten begleiten, von ihm lernen, seinen Ruhm teilen, den neuen Kontinent erobern. Ein großes Hindernis gab es allerdings. Louis Leakey war verheiratet, seine Frau erwartete das zweite Kind. Doch Mary Nicol unternahm nichts, um den Schein zu wahren, offen lebte sie mit Louis ihr »ungehöriges« Verhältnis aus, zunächst in Cambridge, dann in Tansania. Dass sie mit ihrer Affäre Louis jede Karriere vermasselte, war ihr egal, ihm wohl oder übel auch. Auf akademische Würden pfiff sie. Was sie mit ihm verband, war eine enorme Freiheitsliebe, eine Abneigung gegen alle Regeln, dafür war sie bereit, jeden Preis zu bezahlen.

Nach ihrer Heirat 1936 schlugen die beiden endgültig ihr Lager am Rande der Serengeti auf, inmitten der Jagdgründe von Löwen, Hyänen und Schakalen. Es war ein Abenteuerleben, in das sich Mary Leakey voller Vehemenz stürzte, aus Liebe zu dem aufregenden Louis – und aus eigenem Ehrgeiz. Wer von beiden fände die aussagekräftigen Überreste? Wer entwickelte die bessere Theorie über das vor Millionen Jahren erloschene Leben? Dafür arbeitete sie ein halbes Jahrhundert unter der sengenden afrikanischen Sonne, grub auf den Knien liegend mit den Händen im Staub, im Geröll, im Millionen Jahre alten Schotter nach Fossilien, nach Schlüsseln für die menschliche Evolution.

Jedes Fundstück wurde ausgiebig diskutiert, wobei es häufig heftig zur Sache ging. Durch und durch Wissenschaftlerin versuchte Mary in akribischer Puzzlearbeit »die Wahrheit« zu ergründen, wenn nötig auch mit Hilfe anderer Kollegen. Louis hingegen, ganz der Selbstdarsteller, posaunte jeden Fund sofort aus.

Ihre Funde revolutionierten die archäologischen Erkenntnisse der Zeit. »He did the bones, she did the stones«. So lautete der Leitsatz ihrer gemeinsamen Grabungsarbeit. Er war für die Knochenfunde zuständig, sie für die Versteinerungen. Doch ganz so genau nahm sie es mit der Arbeitsteilung dann doch nicht. Denn 1948 fand Mary Leakey auf der Insel Rusinga im Victoria-See einen gut erhaltenen Schädel und andere Reste der vor etwa 16 Millionen Jahren existierenden Menschenaffenart *Proconsul africanus*, die als mutmaßlicher Vorfahre der afrikanischen Gorillas gilt. 1959 entdeckte sie in der Olduvai-Schlucht den in mehr als 450 Stücke zerbrochenen Schädel eines vor etwa zwei Millionen Jahren lebenden Vormenschen. Wegen seines voluminösen Kiefers nannten sie ihn den »Nussknacker-Menschen«. Mit diesem spektakulären Fund schloss Mary Leakey eine Lücke in der Erforschung der Menschheitsgeschichte, und endlich ließ sich beweisen, dass die Wiege der Menschheit nicht in Asien, wie bisher gedacht, sondern in Ostafrika lag.

Sie hatte es wieder geschafft: Aus klitzekleinen Einzelteilen setzte Mary Leakey 1959 den Schädel des Zinjanthropus *zusammen, vulgo »Nussknacker-Mensch«. Louis Leakey beschrieb ihn knapp einen Monat nach der Ausgrabung im Wissenschaftsmagazin* Nature *– als alleiniger Autor. Später ließ Mary so etwas nicht mehr zu. Sie publizierte selbst.*

Von nun an baute die Fossilienjägerin auf das sprichwörtliche »Leakey-Glück«. Gefahren ignorierte sie, auch die tödlichen Gefahren, denen sie nachts ausgesetzt waren, wenn die Löwen um das Zelt kreisten, tagsüber, wenn die gut getarnten hochgiftigen Puffottern träge auf den Steinen lagen und von Ästen nicht zu unterscheiden waren. Mary Leakey war eine Besessene. Besessen von der Liebe zu ihrem Mann, von Afrika, von Knochensplittern, denen sie ihr Geheimnis zu entreißen suchte. Sie war gründlicher, und in Wahrheit war sie ehrgeiziger, als er es je gewesen war. Dafür nahm sie alles in Kauf. Sie gewöhnte sich an die Strapazen, an die Hitze bei Tag und die Kälte während der Nächte, den Mangel an Trinkwasser, und sie bestand nahezu alle Prüfungen, die dieses Land ihr auferlegte. Sie konnte einen Keilriemen auswechseln, einen Motorschaden reparieren, sie fuhr Autos mit defekten Bremsen, wobei sie den Wagen nur beherrschen konnte, indem sie die Unebenheiten des Bodens ausnutzte. Sie ernährte sich tagelang von Reis mit Sardinen und trockenen Haferflocken. Nichts schreckte sie, nicht das Wasser, das scheußlich nach Rhino-Urin schmeckte, und nichts vermochte sie in ihrem Eifer abzulenken. Als sie kurz nacheinander drei Söhne gebar, erklärte sie: »Ich war nicht gewillt, der Mutterschaft zu erlauben, meine Arbeit zu stören.« In Wahrheit liebte sie es, wenn die Kinder während der Grabung in Sichtweite um sie herum waren, vorausgesetzt, sie beschäftigten sich selbst. Sie war keine Mutter, die mit Kindern spielte. Das fand sie langweilig.

Seit eines ihrer Grabungslager, Hyrax Hill, in ihrer Abwesenheit überfallen und geplündert worden war, hatte sie sich Hunde angeschafft, vier Dalmatiner. Sie wusste, sie lebte gefährlich. Sie war oft allein an den Grabungsorten, wenn Louis wegen seiner Arbeit für das Museum in Nairobi sein musste oder, wie es in den Kriegsjahren häufig der Fall war, für den britischen Geheimdienst tätig war oder später nach England oder in die USA reiste, um Vorträge zu halten und Spendengelder einzuwerben. Von 1952 bis 1956 erlebten die Leakeys während der Mau-Mau-Aufstände in Kenia besonders schwere Zeiten. Die Terroraktionen des Geheimbundes aus dem Stamm der Kikuju, von denen Louis Leakey während seiner Kindheit aufgenommen worden war, richteten sich gegen die weißen Farmer, und sie machten auch vor dem Grabungsteam der Archäologen nicht Halt. Einige von Leakeys Verwandten wurden ermordet.

»Wenn ich vor der Wahl stehe, wohne ich lieber in einem Zelt als in einem Haus.«

»Mir bleibt keine Zeit, um schwach zu sein«, in ihrem ganzen Leben dachte sie das, und etwas vermessen dachte sie stets, ihr könne nichts geschehen. Sie hatte alle Attacken überlebt, sie hatte sich mit Malaria und Bilharziose infiziert. Auf Rusinga Island war am Ende einer Grabungskampagne ihr entzündeter Blinddarm durchgebrochen – sie hatte alles überlebt. Angst? Angst hatte sie nur um ihre Söhne, obwohl ihr diese niemand ansah, am allerwenigsten die Söhne selber. Das gab sie im Alter von 66 Jahren zu, als zwei der Söhne – der eine als Spender, der andere als Empfänger – bei einer Nierentransplantation in Todesgefahr schwebten.

Die Olduvai-Schlucht in Tansania, die »Wiege der Menschheit«. Hier suchte Mary Leakey jahrzehntelang nach Steinwerkzeugen, hier wurde auch ihre Asche verstreut. Neben Louis wollte sie nicht begraben werden.

Ab Mitte der 1960er-Jahre lebte Mary Leakey die meiste Zeit in der Nähe der Olduvai-Schlucht, oft allein, da Louis weit weg und mit anderen Projekten beschäftigt war. Er hielt Vorträge auf der ganzen Welt, besorgte nach wie vor Sponsorengelder und unterhielt nebenbei zahllose Affären. Zeitlebens war er der Mann, dem die Frauen nachliefen. Als er Jane Goodall zu seiner Geliebten machte und später Dian Fossey, reichte es ihr. Ihre Wege trennten sich, auch bei der Arbeit. Sie übernahm in alleiniger Verantwortung die Grabungen in Olduvai und wohnte nur noch dort: Die runde Hütte, ein metallener Container, in dem sie mit den Hunden schlief, die überdachte Veranda nahebei, wo das Team seine Mahlzeiten einnahm, die Küche, ein kleiner Holzverschlag, das Magazin für die Fundstücke mit den Regalen und Arbeitstischen sowie die Hütten und Zelte, in denen das Team und die Gäste untergebracht waren – das war jetzt ihre Welt. Sie war heiß, sie war staubig, weitab von allem, worauf Mitteleuropäer Wert legen, weitab von jedweder Geselligkeit, von Partys, Kinos und Theatern. Ganz klar, für sie gab es nur ein Dasein in der freien Wildbahn. »Wenn ich vor der Wahl stehe, wohne ich lieber in einem Zelt als in einem Haus«, sagte sie. Sie schuf sich ein Reich, in dem sie allein herrschte. Sie befehligte ihren kleinen Stab aus schwarzen und weißen Mitarbeitern, sie empfing Wissenschaftler und Journalisten aus aller Welt. Hier lebte sie 20 Jahre, bis sie sich 1983 aus dem Grabungsleben zurückzog. Sie verließ die Olduvai-Schlucht und zog nach Nairobi.

»Das ist tatsächlich was, das man sich auf den Kaminsims stellen kann.«

Doch zuvor landete sie noch ihren größten Coup. Als sie 1978 wie gewohnt auf der Suche nach Relikten des menschlichen Stammbaums den Busch durchstreifte, nur von ihren vier Dalmatinern begleitet, stieß sie auf seltsame Abdrücke im Geröll. Nachdem sie diese viele Stunden lang gereinigt hatte, richtete sie sich auf, zündete sich ein Zigarillo an, nahm ein Glas Whiskey in die Hand und sagte: »Seht, das ist tatsächlich was, das man sich auf den Kaminsims stellen kann.« Es waren die Fußspuren dreier zweibeiniger Wesen, einer Kleinfamilie von Vormenschen, die hier vor dreieinhalb Millionen Jahren nach einem Vulkanausbruch vor dem Ascheregen durch die Savanne geflüchtet waren. Mit diesen ältesten Fußspuren der Menschheit gelang ihr der Nachweis, dass der aufrechte Gang bereits vor dreieinhalb Millionen Jahren entwickelt war. Sie hatte die Vorfahren des Homo sapiens entdeckt.

Obwohl sie keinen akademischen Titel besaß, wurde Mary Leakey im Laufe ihres Lebens mit Ehrungen überhäuft. Die Fachwelt sieht heute in ihr die bessere Wissenschaftlerin, weit sorgfältiger und vorsichtiger im Umgang mit Fossilien als der leichtsinnige Louis. Der vertat sich gern um ein paar Millionen Jahre. Mit Mutmaßungen, wie sie in der Welt der Paläoanthropologie häufig angestellt werden, gab sie sich nie zufrieden. Für sie zählte nur die exakte Wissenschaft, sie nahm es ganz genau, geradezu pedantisch und unbeirrbar ging sie ihren eigenen Weg, immer nur auf der Suche nach dem, was sie wirklich interessierte.

Fußspuren aus dem Pliozän, größer und älter als alle bis dahin bekannten. Mary Leakey fand sie auf dem Laetoli-Plateau, 50 Kilometer östlich von Olduvai. Danach schloss sie die aktive Feldarbeit ab, publizierte unablässig weiter und entspannte sich, wie schon in den vergangenen 50 Jahren, mit Scotch und Zigarillos, wegen der Moskitos.

Bildnachweis

Alle Bilder wurden zur Verfügung gestellt mit freundlicher Genehmigung von
picture alliance: S. 2 (dpa), 10 (akg/Erich Lessing), 12 + 14 + 15 (akg), 19 (KPA/Top-Foto), 20 (Everett Collection), 23 (akg), 24 (Sari Gustafsson), 29 (akg), 31 (Interfoto), 33 (imagestate/HIP), 35 (akg), 36 (ullstein bild), 39 (Interfoto), 41, 43, 44 (Everett Collection), 49 (akg), 50 + 53 + 54 (akg/RIA Nowostri), 55 (akg), 65 (ullstein bild/Mehner), 66 o. + 66 u. (dpa), 68 (ullstein bild/Mehner), 70 + 71 + 73 + 74 + 77 + 78 + 81 + 82 re. + 82 li. (dpa), 87 (akg), 92 (Everett Collection), 95 (ullstein bild/Granger Collection), 96 (Everett Collection), 99 (kpa/TopFoto), 111 re. (kpa), 113 (upi), 114 + 117 (dpa), 118 (asa), 125 (Alan A Johnson / Spectrum)
Agentur Focus: 127 (John Reader/spl)
laif: 121 (Keystone France)
Karen Silkwood estate: 109 + 110, 111 li.
Leni Riefenstahl-Production, Pöcking: S. 46 + 47
Okapia: 122 + 124 (Des Bartlett/Photo Researchers)
Peter Beurton, Carwitz, Janina Blankenfeld & Michael Hamburger, Berlin: 102 + 104 + 107
Staats- und Universitätsbibliothek Bremen: 89 + 91
Süddeutsche Zeitung Photo: S. 26 + 30 (Rue des Archives)
Varian Fry Insitute, Los Angeles: 58 (Archiv Nr. 08710), 61 (Archiv Nr. 08715), 61 (Foto von Pierre Sauvage)

Impressum

Die Originalausgabe *Frauen die gefährlich leben* ist im Knesebeck-Verlag erschienen

Die Deutsche Nationalbibliothek verzeichnet diese Publikation
in der Deutschen Nationalbibliografie; detaillierte bibliografische Daten
sind im Internet unter http://dnb.d-nb.de abrufbar.

Umschlagmotiv: Bonnie Parker, 1933, CSU Archives,
Everett Collection/Bridgeman Images
Umschlaggestaltung: www.katjaholst.de
Printed in Czech Republic 2017
ISBN 978-3-7306-0435-9
www.anacondaverlag.de
info@anacondaverlag.de